GLOBAL LEGAL
TECHNOLOGY INDUSTRY
BLUE BOOK

全球
法律科技行业
蓝皮书

马群 主编

法律出版社
LAW PRESS·CHINA
北京

图书在版编目(CIP)数据

全球法律科技行业蓝皮书 / 马群主编. -- 北京 :
法律出版社, 2023
ISBN 978-7-5197-7873-6

Ⅰ. ①全… Ⅱ. ①马… Ⅲ. ①法律－科技发展－研究
报告－世界 Ⅳ. ①D90-059

中国国家版本馆 CIP 数据核字(2023)第 074341 号

全球法律科技行业蓝皮书
QUANQIU FALÜ KEJI HANGYE LANPISHU

马　群 主编

责任编辑 陈昱希
装帧设计 吴　海　鲍龙卉

出版发行 法律出版社
编辑统筹 法规出版分社
责任校对 王　丰
责任印制 耿润瑜
经　　销 新华书店

开本 A5
印张 7.125　**字数** 108 千
版本 2023 年 6 月第 1 版
印次 2023 年 6 月第 1 次印刷
印刷 天津嘉恒印务有限公司

地址:北京市丰台区莲花池西里 7 号(100073)
网址:www. lawpress. com. cn
投稿邮箱:info@ lawpress. com. cn
举报盗版邮箱:jbwq@ lawpress. com. cn
销售电话:010-83938349
客服电话:010-83938350
咨询电话:010-63939796

书号:ISBN 978-7-5197-7873-6　**定价**:68.00 元
凡购买本社图书,如有印装错误,我社负责退换。电话:010-83938349

《全球法律科技行业蓝皮书》

编 委 会

序

近年来，互联网、大数据、云计算、人工智能、区块链、脑联网等技术加速创新，日益融入经济社会发展各领域全过程，数字经济发展速度之快、辐射范围之广、影响程度之深前所未有，正在成为重组全球要素资源、重塑全球经济结构、改变全球竞争格局的关键力量。习近平总书记明确提出："发展数字经济意义重大，是把握新一轮科技革命和产业变革新机遇的战略选择"[1]，要推动数字经济和实体经济融合发展，把握数字化、网络化、智能化方向，推动制造业、服务业、农业等产业数字化，利用互联网新技术对传统产业进行全方位、全链条的改造，提高全要素生产率，发挥数字技术对经济发展的放大、叠加、倍增作用。

伴随本轮数字经济与科技革命的蓬勃发展，法律与科技的融合以及赋能效应，越来越成为数字时代法律行业全新的增长点。云计算、大数据、人工智能、区块链等新兴技术，一方面不断提升法律科技产品的体验，拓展法律科技的应用边界；另一方面

〔1〕 习近平：《不断做强做优做大我国数字经济》，载《求是》2022年第2期。

也给法律行业自身带来了一场数字化、自动化、智能化的革命。“法律拥抱科技，科技重塑法律”已然成为这个时代的重大命题。

正如法律行业咨询报告《文明2030：不久将来的律所》所描绘的那样：“经过长期的孵化和实验，技术突然可以以惊人的速度向前行进了，法律服务市场的面貌将大为改观。随着新兴技术的成熟落地，全新的、前所未有的、超出我们想象的变局将会加速到来，目前我们看到的还仅仅是冰山一角！”

与此同时，著名的法律信息服务提供商威科（Wolters Kluwer）在其发布的报告《2019年未来律师调查》中进一步提道：“经过多年关于法律行业转型的讨论，在何时以及如何转型的问题上愈渐清晰的是——全球法律的未来正在快速发展，而技术是变革的关键力量。”

技术已然成为法律行业革命性转型的催化剂，而原先看似安全无忧的法律职业也被推上了法律科技大潮的风口浪尖。在一项调查研究中，受访的美国律师中有47%的人认为人工智能将可能在10~15年内取代“律师助理”（paralegal）。35%的人认为初级律师（junior associate）的职位也将在这个时期完全消失。法律人正面临着前所未有的挑战，法律服务市场的格局也正在重新洗牌。

在法律行业经历洗牌和重塑的过程中，法律从业人员应该如何自处？整个法律市场该如何进行数字化转型？法律科技又将如何推动数字社会的治理能力？国内外法律组织如何借助科技力量实现更广泛的交流与合作？

针对这些问题，泰和律师事务所联合策问公司，自2016年起，投入人力、物力、财力进行法律科技的研究与探索，而策问公司从2019年至2022年历时四年时间，围绕国内外1300多家参与法律科技创新的企业、律师事务所、替代性法律服务机构、司法机构、研究机构等开展了全面的行业调研和态势洞察，盘点出了近年来涌现的新技术、新业务、新模式，进而分别从技术、竞争、市场、趋势等视角揭示出法律科技产业发展的重大事件和演变路径，并在此基础上连续三年以"法律科技行业蓝皮书"的方式正式发布。以期帮助法律人认识科技革新对法律服务的积极影响，更好地借助新技术做好法律服务升级，更好地应对法律科技对整个行业带来的挑战和机遇；帮助有法律需求的民众充分利用数字化的法律服务体系，以高效、便捷、经济的方式和途径寻求司法正义；同时，为法律科技在司法体系的广泛应用与深度融合提供参考建议，以期推动司法公正和司法资源的合理配置，实现数字社会的治理能力与治理规则的全面提升；通过对法律科技的运用促进全球法律组织间的相互了解，从而加强国内外法律科技公司、法律服务机构、行业协会、研究机构等组织的沟通与协作，构建全球法律服务共同体。

围绕法律行业的数字化转型，本书还积极探寻行业数字化转型的动因、本质和目标，剖析出法律科技、法律服务基础设施等对行业转型的支撑作用，进而针对不同规模的法律服务机构规划出数字化转型的实施策略和路径，希望能帮助法律服务机构围绕服务流程、产品形态、组织架构、商业模式等要素实现全方位、系统化的变革与重塑。

由于受研究视野、调研水平、数据来源等各方面条件的限制,我们对于这场正在发生的波澜壮阔的法律科技创新的考察和分析,只能从某些特定的视角展开。但大家真正追求的还是通过努力,见证并推动这场必然会深刻影响所有法律人的变革。希望有越来越多的法律界同仁能够参与到这一极富价值的事业中来,与我们一道,放眼未来,拥抱科技,建设法治。

"一带一路"国际法律服务联盟主席

泰和律师事务所首席合伙人

马　群

2022 年 12 月 6 日

目　录

第三章
全球法律科技创新概况

第六章
法律科技领域发展趋势预测

表目录

图目录

第一章

法律科技概念和发展历程

第一节

法律科技的发展历程

法律科技，即 LawTech（Law Technology 的缩写，又译 LegalTech），是指那些提升法律服务效率和体验的 IT 技术、平台和服务。典型的应用包括项目管理、运营分析、知识分享、在线咨询等，以及辅助法律从业人员进行信息检索、合规审查、案件预测等专业法律服务的技术和产品。

法律科技最早起源于美国，同时是世界范围内法律科技创新项目最多的国家。经过多年发展，美国已经出现了诸如在线法律服务 LegalZoom、电子签名服务 DocuSign 等行业领导者，为大量客户提供在线法律咨询、电子合同管理等服务。

法律科技的前身称为“法律+信息化”，主要指通过传统的 IT 技术，对项目管理、流程管理、知识管理等方面进行信息化改造，其主要目的在于提升法律服务和执业管理的效率。

随着国内外互联网行业的蓬勃发展，越来越多的线下场景开始向线上环境迁移,传统的法律服务也开始融入形态多变、场景繁多的“互联网+”行业中,逐步形成了以技术构建信任机制、弥补法律滞后性的“互联网+法律”模式。

与“互联网+法律”的形态有所区别,新兴的“法律+科技”不仅注重提升法律服务的效率,同时更为注重利用技术手段确保法律服务的专业化、自动化、智能化。“法律+科技”本质是一次全面的数字化变革,是信息技术与法律专业的深度融合。法律科技的应用,让法律服务变得更加规范、便捷、智能、高效,极大地重塑了法律服务的数字化体验。

一、“法律+信息化”

随着 IT 技术的出现和普及,法律服务行业开始推进律所管理、律师执业等工作的信息化,以提升协作和管理效率。该阶段的法律信息化公司主要通过 IT 技术对法律服务进行标准化、流程化管理,提升法律服务效率,保障法律服务质量。典型代表有国外的律所管理系统 LexisNexis Firm Manager 和 AbacusLaw,国内的金助理、律师 e 通等产品。该阶段的产品围绕联合办公及律所门户、协作办案与收入分配、人力资源与行政管理等环节帮助律师事务所搭建综合信息管理系统,从而为律师事务所实现统一的服务模式和客户体验。

二、“互联网+法律”

进入 21 世纪后,“互联网+”蓬勃发展。以互联网为代表的新经济形态,正不断地向传统产业延伸和融合,带动其生产要素、业务体系、商业模式的转型和升级。

发展至今,互联网与法律行业的结合逐步紧密。主要的模式是以互联网为渠道,帮助律师和客户实现精准、快速的资源匹配和交易撮合,同时提供在线的法律服务。在国外,出现了为中小企业提供法律服务的 LegalZoom、提供法律文书服务的 Rocket Lawyer 等在线法律服务提供商。2010 年前后,在“互联网+”的基础上,国内也掀起了一波“法律电商”的热潮,出现了一大批在线法律服务厂商。不过,由于法律服务需求频次不高、产品难以标准化等原因,各家“法律电商”逐步往细分领域切入,并逐渐找到了自身的发展空间。

三、“法律+科技”

2015 年以后,“法律科技”的整体方向逐步向专业化应用转变。随着阿里、腾讯等互联网巨头开始布局“法律+科技”领域,越来越多的法律科技公司开始尝试采用技术手段解决专业法律服务中存在的问题。国外出现了以智能法律检索服务 ROSS、合同审核和尽调服务 eBrevia、案件分析工具 Lex Analytics 等为代表,国内出现了以无讼、理脉等为代表的法律科技产品。利用大数据、AI 等技术帮助法律从业人员解决尽职调查、合同审查、案件预测中的重复性/繁杂性的法律工作,从而大幅提高了法律服务质量,缩短了服务响应时间。

第二节 法律科技发展的新特征

近年来，伴随大数据、云计算、人工智能、区块链等技术带来的新一轮科技革命，整个行业已进入“法律+科技”的纵深发展阶段，主要特征表现为法律与科技的深度融合，具体体现在以下三个方面。

一、以人工智能、区块链为代表的使能技术的融合

法律科技公司在“法律+人工智能”方向开展了诸多探索与创新，尝试将人工智能技术应用到法律检索、文件自动生成和审阅、案件结果预测等领域，希望借此提升法律产品和服务的体验。如今，这种探索与融合变得越来越频繁，人工智能在法律科技行业的应用已经延伸到法律事务管理、合同管理、电子取证、法律咨询等更广泛的领域。例如，基于机器学习、自然语言处理、知识图谱等人工智能技术，Neota Logic 和 Repstor 合作推出

了法律事务智能管理方案,Icertis 打造出 AI 驱动的合同生命周期管理平台 ICM, Veritone 发布了自动化电子取证工具 Illuminate。随着这种融合的不断深入,我们将迈入“法律活动智能化”的时代,法律人的工作方式和工作内容将发生根本性变化。

另外,我们也发现区块链技术在合同管理、电子存证、纠纷解决等方面的融合创新正成为法律科技领域新的应用热点。通过区块链的多方参与、防篡改、可追溯的特性,可以帮助司法人员解决审判过程中电子证据的取证难、存证难、认定难等问题。同时,基于区块链技术的智能合约还可被用来保障法律合同的执行,从而有效防止当事人的违约行为。因此,北京互联网法院建立了电子证据平台“天平链”,Rocket Lawyer 与 OpenLaw 合作推出了“基于区块链的法律合同执行平台”。未来,区块链技术将会催生“法律代码化”,新的法律代码不仅可以被用来执行法律规则,甚至还可以被用来制定和阐明规则,从而进一步提升数字社会下的法律治理能力。

由于技术融合所带来的有益效果,越来越多的法律人开始应用法律人工智能、区块链等新技术来帮助其降低成本支出、减少执业风险、提升服务体验。2020 年,《哈佛商业评论》开展了一项法律科技调查,在被调查的 275 家企业中,有超过 39%的企业法务部门正在准备积极部署人工智能驱动的法律科技产品。

二、以泛法律服务机构为代表的服务模式的融合

在泛法律服务的发展初期，单一化、垂直化、替代性特征较为明显。而今，泛法律服务呈现出蓬勃发展的态势，其服务提供对象和服务类型更加多元化，涌现出法律服务外包提供商（如 Thomson Reuters、Accenture）、“四大”会计师事务所［如安永（EY）、普华永道（PwC）、德勤（Deloitte）、毕马威（KPMG）］、合约律师平台（如 LOD、Special Counsel）、在线法律服务提供商（如 Legalist、Notarize）四类泛法律服务机构，泛法律服务市场被彻底激活。2021 年，汤森路透（Thomson Reuters）又发布了替代性法律服务调研报告《2021 替代性法律服务提供商》。报告指出替代性法律服务市场在过去六年中不断增长，目前价值近 140 亿美元，近 80% 的律师事务所和超过 70% 的受访企业法律部门都在使用替代性法律服务。

同时，随着法律科技的技术平台和服务模式的发展，泛法律服务与传统法律服务也在相互借鉴、相互融合，两者的边界越来越模糊。一方面，律师事务所、企业法务部门等在其传统法律服务中开始融合进大量的第三方替代性法律服务，以降低服务成本、改善客户体验。例如，“四大”会计师事务所、管理咨询公司埃森哲等厂商提供的电子检索、文件审查和生成、诉讼和调查支持等服务已经被传统律师事务所普遍使用。另一方面，一些传统律师事务也在加强泛法律服务的产品和人才布局，推出诸如税务筹划与咨询、税务法律合规等替代性法

律服务。例如，欧华律师事务所(DLA Piper)甚至从“四大”吸纳了非律师出身的税务专家，包括原安永(EY)转让定价专家 Barbara Mace，原毕马威(KPMG)国际税务组负责人 Kevin Glenn 等(见图 1)。

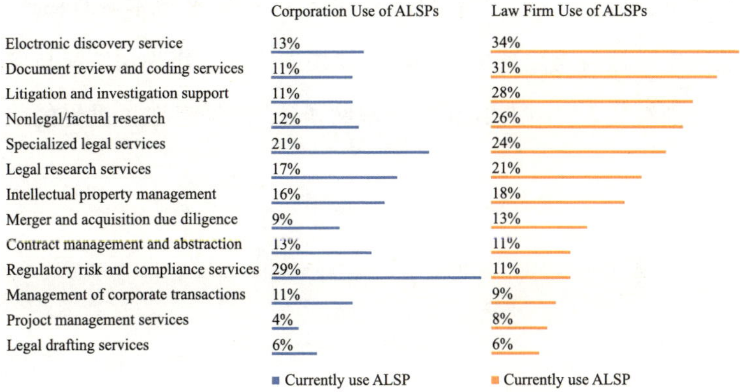

图 1 企业和律所使用替代性法律服务类型分布

(图片引用自汤森路透《2021 替代性法律服务提供商》)

三、法律科技创新从法律服务市场向司法等领域延伸

通过一系列的调研，我们发现当前法律科技创新和应用正从法律服务市场迅速延伸到司法、执法等领域，出现了以“互联网法院”“移动微法院”“智慧法院”为代表的创新司法模式。可以说科技对整个法律行业的影响已经无处不在。并且，这种全行业融合创新的趋势在中国表现得尤为明显。2019 年是中国“互联网司法”元年，先后诞生了北京互联网法院、杭州互联网法院和广州互联网法院三家互联网法院。三家互联网法院基于

云计算、大数据、人工智能、区块链等技术建立了电子诉讼平台、智慧庭审平台、在线调解平台、电子证据平台等,实现了司法治理的高效性、便捷性和普惠性。中国的“互联网司法”既是提高法院“数据治理”管理能力,提升法院“数字辅助”服务水平的一次变革,也是法院建立数字化、自动化、智能化服务体系的基础,是法律科技与司法系统充分融合的集中体现。作为司法科技领域的创新代表,中国法院的“互联网司法”已经走在了世界的前列。

第一章

全球法律科技全景综述

第一节

全球法律科技创新全景图

全球法律科技初创公司的数量近 10 年来呈爆发式增长，从 2010 年的 200 多家发展到 2020 年的 1300 多家。为此，策问公司于 2021 年发布了法律科技创新全景图（见图 2），对法律科技创新进行整体分类并列举出有代表性的产品或服务。同时，斯坦福大学法学院也创建了 CodeX 法律信息中心，旨在将学者、律师、企业家和科技人才汇聚到一起，探索法律科技未来的发展方向。CodeX 法律信息中心建立了全球法律科技数据库，截至 2021 年共记录了全球 1300 多家法律科技公司的信息，并且在不断收录和发布全球法律科技公司的信息，2021 年 CodeX 法律信息中心最新收录了 16 家法律科技公司。

图 2　法律科技创新全景图

［图片引用自策问《法律科技创新全景图》(2021)］

我们针对法律科技的服务类型、服务客户、创新技术、地理分布等方面对策问公司的全景图进行信息解读如下：

(1)服务类型：全景图体现了法律科技创新服务的多样性，这些创新服务大致可以分为实务管理、合同管理、在线法律服务、法律检索、在线争议解决、电子取证、诉讼金融、文档自动化、法律培训、法律服务外包等 10 种。

(2)服务客户：法律科技创新技术与服务几乎覆盖所有类型的客户，包括律师事务所、替代性法律服务机构、企业法务部门、司法机构、公共机构和法学院等。

(3)创新技术：法律科技致力于重新定义法律行业。诸多创新中采用了当前最新的 IT 技术，包括人工智能（如自然语言理解，机器学习和知识图谱等）、区块链、云计算、大数据分析、低代码开发等技术。例如，基于数据挖掘技术的法律检索产品理脉，采用机器学习技术的合同审查产品 Kira，基于自然语言理解技术的智能法律助手 DoNotPay。

(4)地理分布：法律科技创新公司主要集中在美国、英国、加拿大等国家。这些国家都出现了大型的法律科技公司，如诞生于美国的电子签名公司 Docusign。近几年，中国、德国、澳大利亚、瑞典等国也纷纷加入这一产业。

针对法律科技的服务类型、服务客户、时间分布等方面，我们对斯坦福大学的 CodeX 全球法律科技数据库进行信息解读如下：

(1)服务类型：CodeX 全球法律科技数据库涵盖了 9 种法律科技创新服务，包括服务市场、文档自动化、实务管理、法律检索、法律培训、在线争议解决、电子取证、法律分析、合规。其中文档自动化类的法律科技创新最多，有 379 项。

(2)服务客户：CodeX 全球法律科技数据库中法律科技创新覆盖了个人、公司、政府和机构等多种类型的法律服务客户。

(3)时间分布：2015 年全球新增的法律科技公司的数量达到高峰，而 2016 年法律科技公司创立的数量开始回落，说明法律科技的创新逐渐回归理性。

从法律科技公司的发展规模来看，由于法律科技公司普遍创立时间较短，多处于成长期，因此目前的法律科技上市公司数

量不多。即使有上市公司也多为其所属的集团公司。但是因为其广泛的市场前景，正不断受到资本市场的关注。(见表1、表2)

表1 法律科技上市公司代表

序号	上市公司名称	上市场所	上市时间	当前公司市值
1	荷兰威科集团 (威科先行法律数据库)	荷兰泛欧证券交易所	2010	200亿欧元
2	英国Relx PLC集团 (LexisNexis律商联讯)	美国纽约证券交易所	2015	500亿美元
3	DocuSign	美国纳斯达克证券交易所	2018	360亿美元
4	北京华宇软件股份有限公司	深圳证券交易所创业板	2011	150亿人民币

(数据来自互联网公开资料)

表2 拟上市法律科技公司代表

序号	拟上市公司名称	拟上市地点	拟上市时间	拟上市公司估值
1	Ironclad	美国	2021	10亿美元
2	Axiom	美国	2022	10亿美元
3	LegalZoom	美国	2022	20亿美元
4	Icertis	美国	2022	10亿美元

(数据来自互联网公开资料)

为了便于对种类繁多的法律科技创新进行系统而全面的分析，本书根据法律科技技术和服务的应用模式又将其归纳概括为三大类：数字化法律服务平台、综合性泛法律服务、法律服务使能技术。进而从这三个维度对参与法律科技创新的公司、律所和研究机构开展洞察，但并不意味着这三个维度是行业唯一的分类标准。

第一类为数字化法律服务平台，是指借助信息化、数字化、智能化等技术，建立能连接和整合技术工具与法律业务、专业团队与外包服务的数字化运营与跨行业协作的 IT 基础设施，重塑律师事务所、泛法律服务等机构的组织架构和服务生态。该定义更加强调数字化法律服务平台作为一种基础设施所拥有的对技术、产品与服务的连接与整合能力，以及由此给服务机构带来的创新能力与运营能力的提升，最终帮助法律服务机构在数字化变革中实现组织架构、运营模式和服务生态的转型。

第二类为综合性泛法律服务，是指依托互联网等信息技术、成熟的服务流程和完备的产品体系，以法律事务为核心，为个人、企业和政府提供法律、财税、审计、投融资等综合性、标准化服务解决方案。该定义突出了技术应用与创新、标准化服务流程和完善的产品结构在综合性泛法律服务中的重要性。正是由于具备了上述三方面能力，才使灵活构建以法律事务为核心的综合性服务解决方案成为可能。

第三类为法律服务使能技术，是指利用云计算、大数据、人工智能、区块链等技术，赋能立法、司法、执法和法律服务，用以提高整个行业法律服务的质量和效率，保障司法治理的公平和公正。该定义拓展了法律服务使能技术的应用范围和应用价值。当前，使能技术已经不仅仅应用在法律服务领域。由于司法系统在组织、程序、数据等方面标准化程度相对较高，因此也给了使能技术更大的发挥空间。如今，法律服务使能技术已覆盖了法律行业的各个环节,对于维护法律的公平与正义发挥着重要的作用,成为法律科技领域应用最为广泛的创新类型。

在这三类创新中,由于法律服务使能技术能够很好地为法律人提供执业赋能,而成为法律科技领域非常热门和典型的应用。在已统计的法律科技公司中该类创新的数量最多,约占42%,是法律科技生态图谱中最大的群体。

第二节

数字化法律服务平台

当前,数字化法律服务平台正逐渐关注利用 IT 技术增强平台的连接和融合能力,以适配法律服务机构的组织架构、盈利方式和服务模式转型的需要。通过内部构建 IT 技术支撑的专业服务、外部集成标准化外包服务等方式,逐步构建法律服务机构的智慧运营和服务协同能力。总体来说,数字化法律服务平台经历了三个发展阶段:信息平台阶段、数字平台阶段、智能平台阶段。

一、信息平台

该阶段主要帮助律师和律所规范各类法律服务,按照不同类型案件的特点,提供标准化、流程化的案件、任务、日志、底稿等管理。律所还可通过平台实现风险控制、客户管理和知识管理等。

国外相关的平台提供商有 Clio、LexisNexis、AbacusLaw 等；国内相关的平台提供商有金助理、律师 e 通等。该阶段出现的产品普遍提供案件模板和任务列表功能，以标准化律师日常工作；采用工作流技术，以加快律所从立案到结案、从收款到分配的处理流程，使律师可以专注于最重要的工作。发展至今，Clio、金助理等产品又融入了云计算技术，通过 SaaS 方式提供安全可靠的技术服务。

二、数字平台

该阶段实现了律师和律所的数字化管理，将数据统计、可视化、信息检索等技术融入法律服务管理平台中，提高律师办案的准确度，降低律所管理的风险，增强客户享受法律服务的满意度。

国外相关的平台提供商有 DirectLaw、KIM 等；国内相关的平台提供商有 Alpha、法蝉等。该阶段的产品通过对律师办案的数据化和知识化管理，配合高效检索、可视化报告等，帮助律师提高谈案、办案的质量。同时，借助多维度可视化报表（案件、客户、工时、收入等),律所主任、团队管理者能够实现高效、实时的运营管理。

随着移动互联网的普及,诸如 Alpha、法蝉等产品还通过集成移动技术,帮助用户可以在任何地方(办公室、法庭、路途上)、任何设备(PC、手机、平板)上安全地处理案件事项和律所管理等工作,最终提升律师和律所的专业能力与品牌影响力。

三、智能平台

未来通过律师执业和律所管理智能化,产生大数据/人工智能驱动的律师执业、律所管理和专业服务为一体的智能化协作和运营系统,提升律所的运营管理、品牌营销、市场拓展等能力,帮助律所突破运营模式和协作方式的限制,实现组织升级和运营优化,完成从传统线下律所向线上线下服务相结合的新一代律所的数字化转型。

同时,借助机器学习、知识图谱等智能技术,“集成”法律服务领域专家和 IT 领域工程师的智慧和经验,构建法律行业的专家能力体系,增强法律从业人员的专业素质和能力,推动法律服务的创新和整体服务体验的提升。

最后，通过建立全球化、数字化的资源共享和协作平台，协同并整合与法律相关的复合型服务（财务审计、资产评估等），实现跨地区、跨业务、跨客户、跨系统的联盟式合作模式，在联盟的整合力量下建立成果共享、合作共赢的泛法律服务生态圈。

第三节 综合性泛法律服务

综合性泛法律服务最早源自2007年英国颁布的《法律服务法》，即允许非法律人投资者和管理人进入法律服务市场，提供法律服务，旨在增强法律服务市场的竞争，提高法律服务的质量。

综合性泛法律服务经历了资讯发布、交易撮合等模式后，已经发展成为集交易撮合和服务提供的混合模式，并从专业法律服务向以法律服务为核心的综合性服务转变。同时通过大数据等技术将泛法律服务数字化，以便建立公正的服务评价体系。

一、法律行业资讯服务

该类服务包含了很多法律服务垂直媒体，主要以传播法律服务行业最新资讯为主，例如提供经典案例分析与经验分享。同时有的垂直媒体也为法律人提供了交流与合作的平台。

国外相关的服务提供商有 Law Technology Today（LTT）；

国内相关的服务提供商有法律先生、律新社、智合东方。该类平台厂商将互联网作为媒介，通过 Web、App、小程序等入口，围绕法律行业热点，发布最新的法律资讯、法律服务交易信息、法律服务指南以及相关观点评述等。同时，诸如律新社、智合东方等平台在提供资讯服务的同时，还利用互联网的双向性，打通线上和线下环节，为法律服务机构提供品牌建设、市场营销、业务赋能等多元化服务。

二、法律电商服务

该类服务的主要特点是以互联网为渠道，通过自营或者签约律师入驻平台，帮助客户找到合适的律师。解决律师与客户之间信息不对称的问题，实现律师与客户的精确匹配。

国外相关的服务提供商有 Rocket Lawyer、Axiom 等；国内相关的服务提供商有牛法网、丁丁律师等。该类厂商通常会基于平台定位设计律师认证模型，以筛选合适的签约律师，保证法律服务的质量，如牛法网的“十维认证”模型。同时，通过引入数据分析技术建立案件分析系统或律师服务评价体系，帮助最终用户寻找最合适的律师，以提高服务的公正性和成功率。并且,随着业务和技术的发展,该类平台厂商也在逐渐与服务平台融合,提供标准化的法律服务。

三、替代性法律服务

“替代性法律服务”(Alternative Legal Service, ALS),其概念最早起源于学术界。得州大学法学院院长约翰·迪恩科沃斯基(John S. Dzienkwoski)在福德汉姆法学评论[Fordham Law Review, 82 Volume Fordham L. Rev. 2995(2014)]上发表文章 *The Future of Big Law: Alternative Legal Service Providers to Cooperate Clients*;香港律师会理事会前主席洪永时(Stephen Hung)在2016年4月的香港律师会会刊上发表文章 *Alternative Service Providers*;2017年1月,汤森路透(Thomson Reuters)联合乔治城大学法学院(Georgetown University Law Center)及牛津大学赛德商学院(Oxford Said Business School)共同发布了报告 *Alternative Legal Service Providers*。这些文章主要解读了替代性法律服务的特征:替代性法律服务主要由非律所型的新型企业提供,这些企业一般不采用合伙人制度,管理人员也无须由律师担任,相较于传统法律服务,替代性法律服务形态灵活。律所也可以选择替代性法律服务来控制成本,优化流程,类似于外包服务合作对象模式。

早期，受互联网技术影响，替代性法律服务出现了法律服务领域“垂直化”，即平台除了提供律师和客户的服务撮合外，还针对特定用户群，提供替代性的专业法律服务，如企业设立、合同草拟、合同审查、知识产权、法律顾问、纠纷调解等业务。

当前，替代性法律服务开始从“服务的单一化、垂直化、替代性”向“服务提供、服务对象和服务类型的多元化”方向发展，依托新技术的应用与创新、成熟的服务流程和产品管理能力，为各类客户提供诸如“索赔处理、诉讼支持、合同管理、合规审查”等综合性、标准化的泛法律服务解决方案。

国外相关的服务提供商有 LegalZoom、Elevate、EY Riverview Law 等；国内相关的服务提供商有绿狗网、法大大、知果果等。该类平台一般提供两种服务，一种是标准化的自助式服务，例如为中小企业提供法律服务的 LegalZoom，用户登录 LegalZoom 后，通过问答方式将自己的资料和需求描述清楚，然后平台自动生成所需要的法律文书。另一种是在线的人工服务，例如绿狗网，依靠签约律师为用户提供在线的法律咨询、案件委托等服务。

第四节

法律服务使能技术

法律服务使能技术在经历了法律数据检索、文书审查、取证存证等应用后,正由自动化走向智能化、由供给侧走向需求侧、由通用技术向专业技术演进,并且从单纯提升工作效率向构建法律服务生态方向发展。

例如,合同审查技术,也经历了从本地应用向云端服务、从基于规则向自主学习、从问题发现向问题改进,从通用审查向专业审查等发展过程。

一、法律大数据检索技术

该类技术主要为法律从业人员提供丰富、全面、实时的法律法规检索服务,包括裁判文书、法律法规、行业规定、工商信息等。

国外相关的技术提供商有律商联讯 LexisNexis、威科先行 Westlaw 等;国内相关的技术提供商有北大法宝、裁判文书网、企查查、企信宝等。该类技术主要提供:(1)法律法规检索,诸如国内外法律法规和司法解释、行政法规、部门规章、合同与文书范本、法律动态、立法背景资料等;(2)司法案例检索,诸如案例与裁判文书、审判参考、实务专题,以及相关的核心术语、争议焦点、案例要旨等;(3)法学期刊检索,诸如国内法学类核心期刊全文和目录等。

二、法律云服务技术

借助云存储、SaaS、加密认证等云计算应用,法律云服务技术能大幅提升律师办案过程中取证存证、材料编写等环节的执业效率。典型场景包括在线的法律文档审核、自动排版、文档共享、电子取证、电子签名等各类云端服务。

国外相关的技术提供商有 KIM、DISCO、DocuSign 等；国内相关的技术提供商有安存、法大大、法天使等。该类技术覆盖了法律服务的多个环节，如合同管理系统“Axiom IRIS”利用云存储、SaaS 技术实现了云化的企业合同生命周期管理，包括在线的合同起草、存储、审批和执行汇报等。系统还可智能分析合同内容、合同风险以及跟踪合同执行情况。而国内电子取证类产品“安存”则利用云安全、云存储等技术，提供了 SaaS 化的电子数据的存管与证明服务，包括语音保全、金融数据保全、版权保全、邮件保全、搜索/日志保全、电子合同保全等。

三、法律人工智能技术

这类技术借助大数据/AI 等技术为法律从业人员提供信息的深度检索和预测分析等服务。律师可以将重复性、事务性的法律工作交由 IT 法律助手解决，从而大幅提高法律服务质量和缩短响应速度。甚至，部分产品还可直接面向消费者提供法律咨询服务。

国外相关的技术提供商有 DoNotPay、ROSS、Lex Machina 等；国内相关的技术提供商有无讼法小淘、理脉企业诉讼分析机器人、法狗狗等。该类产品主要利用人工智能技术，如语音识别、自然语言理解、语音合成、知识图谱等，使机器能够识别用户的法律诉求，评估诉讼案件的证据采信率、预测案件判决结果，根据案情给出步骤式的行动建议，最终为律师律所、司法机构、有法律需求的用户提供“一站式”法律咨询服务。

四、法律区块链技术

这类技术借助区块链的去中心化、共识机制与分布式记账等特点建立了安全可靠的电子数据存证与取证方式，并基于智能合约机制有效处理法律协议的违约行为，从而构建互联网时代下新的契约签署及履行形态。

国外相关的技术提供商有 Thomson Reuters 的 Contract Express、Rocket Lawyer 的 Rocket Wallet；国内相关技术的应用代表有北京互联网法院的“天平链”、杭州互联网法院的“区块链智能合约司法应用”等。该类平台主要利用区块链技术，帮助司法人员解决审判过程中取证难、认定难等问题。同时，基于区块链的智能合约技术还可被用来保障法律合同的执行，从源头化解纠纷和实现网络空间信用再造。

北京互联网法院
“天平链”

广州互联网法院
“网通法链”

杭州互联网法院司法区块链
BLOCKCHAIN.NETCOURT.GOV.CN

THOMSON REUTERS

第二章

全球法律科技创新概况

第一节

全球法律科技公司创新概况

一、国内法律科技公司概况

1. 法律科技公司的创立时间分布

由于市场逐渐认可了法律科技的价值和成长性，国内法律科技公司数量在2013年以后呈爆发式增长，从2011年的20余家快速增长到2020年的近300家。2016年是国内法律科技公司创立的高峰期，新增公司数量达到峰值，有近100家，遥遥领先其他年份（见图3）。其中，法信、e签宝、法家云、法天使、策问、百度律师等都成立于2016年。

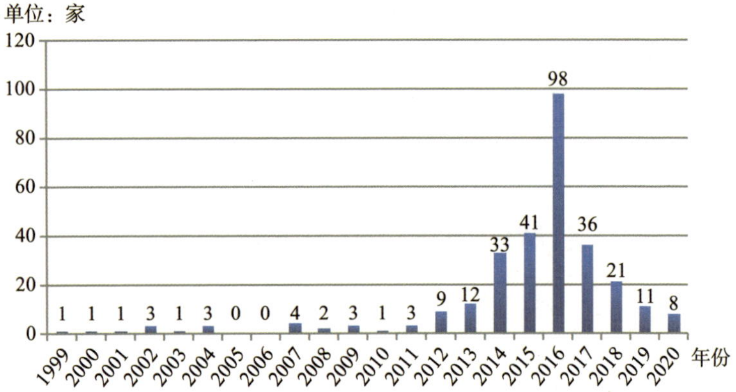

图 3　国内法律科技公司创立时间分布

（数据来自互联网公开资料）

2. 法律科技公司的业务分布

纵观国内法律科技公司的业务分布，绝大部分都属于“法律+互联网”范畴，重点依托互联网的连接作用，实现法律人与法律人、客户与法律人之间高效、精准的连接。同时，在建立连接的基础上为客户提供在线的法律咨询服务。在统计的近 300 家法律科技公司中，约 83%从事的都是综合性泛法律服务（见图 4）。

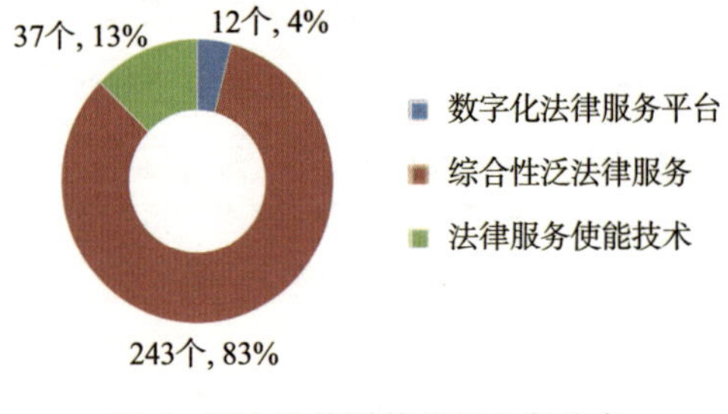

图 4　国内法律科技公司业务分布

（数据来自互联网公开资料）

从数字化法律服务平台、综合性泛法律服务、法律服务使能技术这三类业务各自细分领域的产品创新上来看，综合性泛法律服务类创新最多，法律服务使能技术类创新次之，数字化法律服务平台类创新则相对较少(见表3)。究其原因，主要是国内法律服务使能技术和数字化法律服务平台的创新门槛较高，投入人力和技术资源的要求较大，创新的时间周期较长，难以快速推出产品并进行商业模式验证；而泛法律服务类创新则相对清晰，由于主要是业务模式的创新，对技术依赖较小，创业公司通常可以针对特定细分市场快速孵化新业务，从而迅速占领市场。

表3 国内三大业务领域产品创新代表

业务类型	公司名称	产品名称	产品创新
数字化法律服务平台	北京新橙科技有限公司	Alpha	律师工作和律所管理平台
	成都斯沃茨科技有限公司	法蝉	律师工作和律所管理平台
	南京策问信息技术有限公司	法立方	数字化律所运营平台
法律服务使能技术	无讼网络科技(北京)有限公司	无讼	法律大数据检索工具
	杭州安存网络科技有限公司	安存	电子证据获取、留存和管理
	深圳法大大网络科技有限公司	法大大	电子合同在线签署及托管
	南京擎盾信息科技有限公司	智能小法	法律机器人

续表

业务类型	公司名称	产品名称	产品创新
综合性泛法律服务	上海法和信息科技有限公司	赢了网	法律服务撮合平台
	北京市律购信息技术有限公司	绿狗网	创业法律服务平台
	北京知果科技有限公司	知果果	知识产权法律服务
	上海为安互联网金融信息服务有限公司	为安法律金融	诉讼金融服务
	上海律新文化传播有限公司	律新社	法律行业新闻资讯分享
	北京君时天下互动科技有限公司	律携	法律从业人员的社交平台
	苏州墨腾智能科技有限公司	股加加	基于区块链的股权激励管理平台

（数据来自互联网公开资料）

3. 法律科技公司的融资情况

截至 2020 年，在统计的近 300 家公司中有 70 多家公司获得融资，占比约为 24%。这些公司大部分为 2014 年以后成立的，并且融资阶段以天使轮和 A 轮居多（见图 5）。在获得融资的公司中，以综合性泛法律服务领域获得融资的公司数量最多，而法律服务使能技术领域总体的融资规模和平均单笔融资规模都比较大，说明法律服务使能技术的盈利模式更易被资本市场认可（见图 6）。

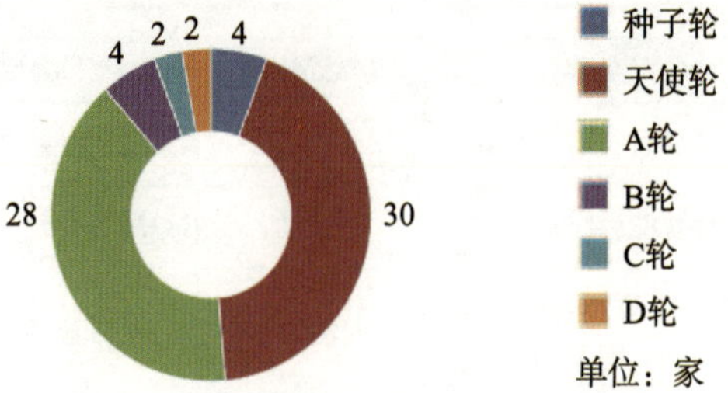

图 5　国内法律科技公司融资阶段分布

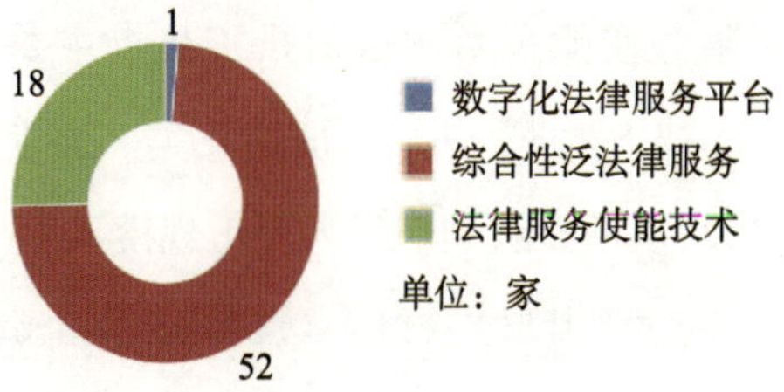

图 6　国内法律科技公司融资业务分布

（数据来自互联网公开资料）

当前综合性泛法律服务领域的投资热点较为分散，包括了创业法律服务、高端法务服务、法律服务撮合、知识产权服务、诉讼金融、法律垂直媒体、法律人社区等多种类型。通常每家公司的融资规模从百万级到千万级人民币规模不等（见表 4）。

表 4　国内综合性泛法律服务领域融资公司代表

序号	公司名称	产品名称	融资规模
1	北京快又好信息技术有限责任公司	快法务	总融资额约 1.5 亿人民币
2	成都律军风险管理股份有限公司	律军风控	总融资额约 5000 万人民币

续表

序号	公司名称	产品名称	融资规模
3	北京知果科技有限公司	知果果	总融资额约2000万人民币
4	苏州墨腾智能科技有限公司	股加加	总融资额约2000万人民币
5	上海为安互联网金融信息服务有限公司	为安法律金融	总融资额约1000万人民币

(数据来自互联网公开资料)

当前法律服务使能技术领域的投资热点主要包括电子合同、电子签名、法律大数据、电子取证这几类。通常每家公司的融资规模都很大,从千万级到亿级人民币规模不等(见表5)。

表5　国内法律服务使能技术领域融资公司代表

序号	公司名称	产品名称	融资规模
1	智慧芽信息科技(苏州)有限公司	智慧芽	总融资额约20亿人民币
2	杭州天谷信息科技有限公司	e签宝	总融资额约18.5亿人民币
3	深圳法大大网络科技有限公司	法大大	总融资额约11亿人民币
4	杭州安存网络科技有限公司	安存	总融资额约5亿人民币
5	无讼网络科技(北京)有限公司	无讼	总融资额约1.5亿人民币

(数据来自互联网公开资料)

二、国外法律科技公司概况

1. 法律科技公司创立时间分布

国外的法律科技创新最早起源于20世纪90年代中期。自2010年开始,国外的法律科技公司发展进入快速上升阶段,至

2015 年达到高峰，共创立公司近 200 家，2016 年法律科技公司创立数量开始回落（见图 7）。说明“跑马圈地、各占山头”的高峰已经过去，创业公司逐渐回归理性，开始围绕专业领域深耕细作。

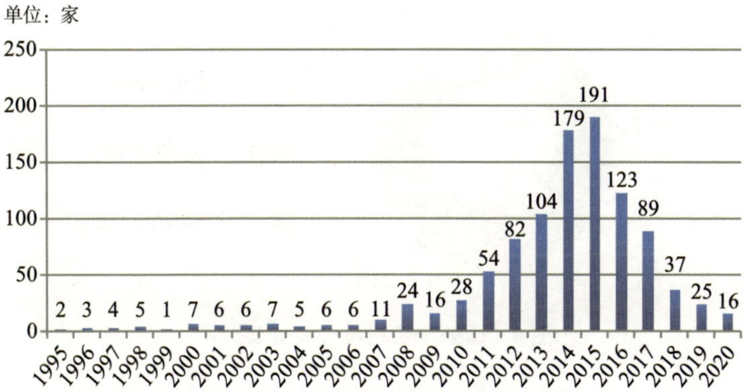

图 7　国外法律科技公司创立时间分布

［数据来自斯坦福大学 CodeX 的法律科技数据库（2020）］

2. 法律科技公司地域分布

在地域分布方面，北美和欧洲是法律科技最为活跃的两个地区，是国外法律科技公司聚集最多的地方，分别有 475 家和 154 家。这其中又以美国最具代表性，共有 464 家法律科技公司，也是全球拥有法律科技创新最多的国家，占国外法律科技公司总数的 44%。

3. 法律科技公司业务分布

相比较国内，欧美的法律科技公司从事法律服务使能技术创新的数量最多，占比约 46%（见图 8）。说明国外的法律科技已超越了对法律人连接和社交的认识,转而更多关注如何通过大数据分析、机器学习、知识图谱、数据加密等技术,提高法律服务的效率和质量,把法律从业人员从繁杂的事务中解放出来,更加聚焦智慧性工作,最终提升法律服务的体验。

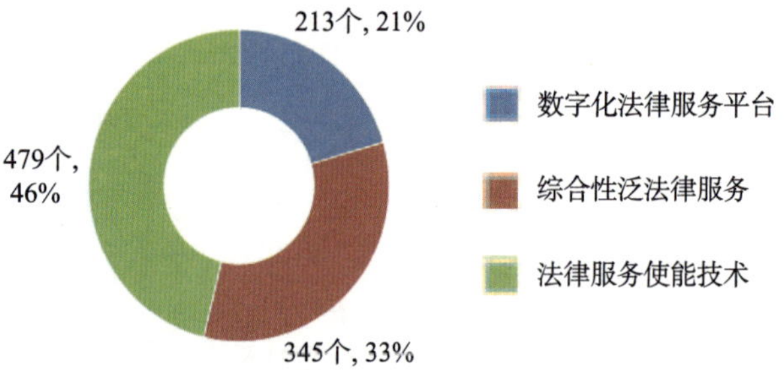

图 8 国外法律科技公司业务分布

[数据来自斯坦福大学 CodeX 的法律科技数据库(2020)]

目前,欧美等国开展了大量的法律服务使能技术创新,覆盖了信息检索、文档工具、合同管理、自动咨询、大数据预测、电子取证、尽职调查等不同领域(见表6)。这些创新或帮助法律人提升了工作效率和服务质量,或直接为企业和个人用户提供法律自助服务,降低了获取专业法律服务的门槛。

表 6 国外三大业务领域产品创新代表

业务类型	公司名称	产品名称	产品创新
数字化法律服务平台	DirectLaw	DirectLaw	云端律所运营管理平台
	Clio	Themis Solutions	律师工作平台
	Reynen Court	Reynen Court	法律科技应用商店
	Lupl	Lupl	法律事务协作平台

续表

业务类型	公司名称	产品名称	产品创新
综合性泛法律服务	LegalZoom	LegalZoom	中小企业法律服务平台
	Rocket Lawyer	Rocket Lawyer	法律文件服务
	LexShares	LexShares	诉讼金融服务
	Clicknsettle	Clicknsettle	在线纠纷解决平台
	Axiom	Axiom	在线法务服务
法律服务使能技术	LexisNexis	LexisNexis	法律信息检索
	Lex Machina	Legal Analytics	案件结果预测
	Kim Technologies	KIM	律师虚拟助理
	RAVN Systems	RAVN ACE	电子合同审核
	Blackstone Discovery	eDiscovery	电子取证
	DocuSign	DocuSign	电子签名
	DoNotPay	DoNotPay	法律机器人

(数据来自互联网公开资料)

4. 法律科技公司的融资情况

虽然全球法律科技公司的增速在回落,但是资本市场对法律科技领域的投资热情却在不断增长。据美国《福布斯》杂志统计,2016 年全球法律科技领域的总投资额约为 2.24 亿美元;2017 年与 2016 年相比基本持平,总投资额约为 2.33 亿美元。但到 2018 年却出现了爆炸性增长,总投资额高达 16.63 亿美元,同比增长更是达到了惊人的 613%。2019 年,法律科技领域的投资增长势头仍然非常强劲,总投资额约 18.3 亿美元。2020 年,由于受疫情影响,法律科技领域的投资出现较大下滑,总投资额约 4.49 亿美元(见图 9)。如果不考虑 2020 年疫情原因,近几年国外法律科技领域投资以增长为主，这种增长趋势说明随着法律科技产品和服务的应用越来越广泛，投资者对法律科技行业的商业模式和发展前景的认可度越来越高。

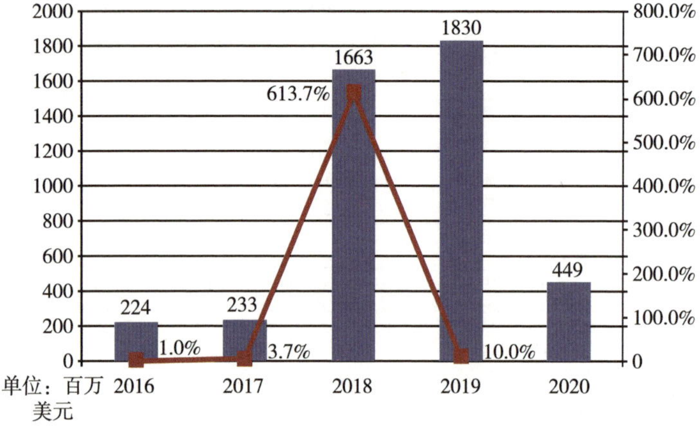

图 9　国外法律科技领域投资金额时间分布

（数据来自互联网公开资料）

回顾 2020 年，国外法律科技领域共发生 36 起重大融资事件，并且融资阶段以 A 轮居多。在获得融资的公司中，以法律服务使能技术获得融资的公司数量最多，其次是综合性泛法律服务领域。其中，法律服务使能技术领域在 2020 年的投资热点主要包括合同管理、电子取证、文档审查这三类，综合性泛法律服务领域在 2020 年的投资热点主要集中在在线法律咨询、知识产权、创业法律服务这三种类型（见图 10）。同时，法律服务使能技术领域的总体融资规模和平均单笔融资规模都比较大。说明对于不断涌现的各类法律科技产品，投资人更看重用户需求广泛、盈利模式清晰的创新应用。

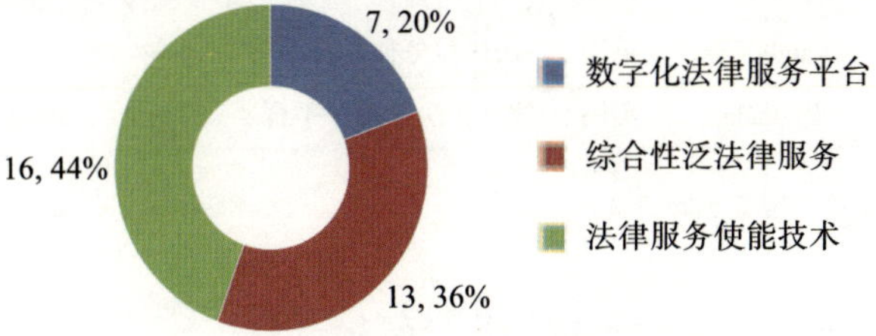

图 10　国外法律科技公司融资业务分布

（数据来自互联网公开资料）

另外，2020 年国外法律科技融资的新特点主要体现在数字化法律服务平台领域的融资明显增多，包括为推动新技术在法律服务机构中有效应用的法律科技产品应用平台，以及促进法律服务机构与合作伙伴有效协同的工作平台（见表 7）。说明以数字化法律服务基础设施的理念高度打造法律科技生态的商业模式和发展路径，这样的新模式越来越受到资本市场的关注。

表 7　2020 年全球法律科技公司融资排名代表

序号	公司	国家	业务类型	融资阶段	融资金额
1	Ironclad	美国	法律服务使能技术	D 轮	1 亿美元
2	DISCO	美国	法律服务使能技术	B 轮	6000 万美元
3	Agiloft	美国	法律服务使能技术	A 轮	4500 万美元
4	Evisort	美国	法律服务使能技术	B 轮	3500 万美元
5	Onna	美国	法律服务使能技术	B 轮	2700 万美元
6	PandaDoc	美国	法律服务使能技术	B 轮	1500 万美元
7	Lupl	美国	数字化法律服务平台	A 轮	1400 万美元
8	DoNotPay	美国	综合性泛法律服务	B 轮	1200 万美元

续表

序号	公司	国家	业务类型	融资阶段	融资金额
9	ThoughtRiver	英国	法律服务使能技术	A 轮	1000 万美元
10	Bodhala	美国	数字化法律服务平台	A 轮	1000 万美元

（数据来自互联网公开资料）

三、国内外法律科技公司创新热点

近两年，法律科技公司的创新走向深度融合。这种融合体现在两个方面：一方面是在技术层面的融合，即利用各类使能技术来进一步提升法律科技产品的使用体验，主要代表就是人工智能、区块链技术在法律检索、合同管理、电子取证、法律咨询等产品中的应用和加持；另一方面是在服务层面的融合，即基于某项核心法律科技平台或服务，不断整合上下游各类资源，从而形成端到端的法律服务解决方案，典型的例子就是替代性法律服务平台对文件审查、合同管理、流程外包等领域的咨询、技术和服务能力的整合。

1. 法律科技创新之技术融合

（1）基于人工智能技术的法律科技融合创新

从早期的"法律数据检索、法律文本制作、案件结果预测、诉讼策略选择"到当前的"合同管理、电子取证、法律事务管理、法律咨询"，人工智能技术在法律科技领域的创新与融合日趋广泛。越来越多的法律从业人员考虑应用法律人工智能技术来降低服务成本、减少执业风险，以便提供更优质的法律服务。例如，近期《哈佛商业评论》调研了 275 家企业，结果显示超过 39%的企业法务部门正在积极准备部署人工智能驱动的法律科技产品，将主要应用于合同生命周期管理、法律文本管理、企业诉讼纠纷的事务管理等领域。这也使得近两年围绕法律人工智能相关的应用、投资和并购等活动异常活跃（见图 11）。

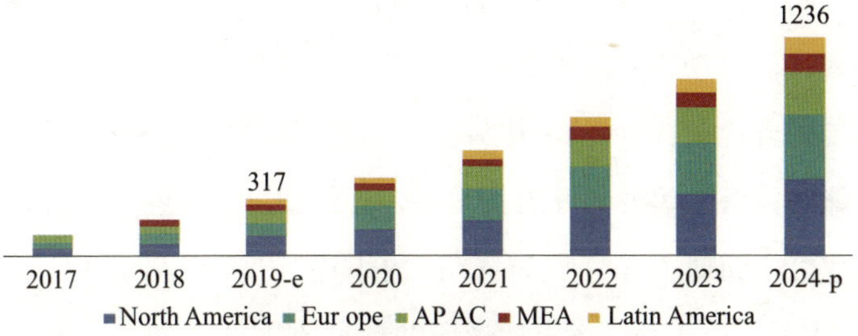

图 11　全球法律人工智能应用市场空间预测

（图片引用自 MarketsAndMarkets, *Global Legal AI Software Market* 2019—2024）

当前，人工智能技术在法律科技领域的融合主要集中在以下 5 个方面。

a）智能法律检索：针对公开的法律信息，提供基于语义理解的自然语言形式的检索方案，包括裁判文书、法律法规、律师律所等信息的智能搜索。

b）文档自动生成和审查：自动起草标准化较高的法律文本，如商业合同、保密协议、公司章程等。同时，识别出法律文本中存在风险的或缺失的关键条款，并提供修改意见。

c)案件分析与预测:从重复的案件数据中得出某种研究结论,或者根据过去判决案件数据对诉讼结果作出预测。

d)电子取证:通过使用大数据样本来识别和比对与电子证据开示请求相关的文件,从而为企业法务部门、公检法机构等提供法律依据。

e)智能法律咨询:借助自然语言处理等智能技术向法律求助者提供自助式的法律援助和公共法律服务。

综合比较,国内的法律科技公司主要围绕案件分析与预测、智能法律咨询等方向开展技术整合与创新,代表性的产品包括:阿里"AI 助理法官"、猎豹移动"豹小秘"、搜狗"AI 虚拟法官"等,主要定位于为法律求助者提供专业、便捷的法律咨询和法律援助,提升司法领域的工作效率及服务水平。而国外的法律科技公司则主要围绕文档自动生成和审查、电子取证等方向开展技术研究和孵化,这其中的代表包括 Exari(合同管理)、iManage(文档审查)、Veritone(电子取证)等公司,融合创新的主要目的是为法律从业人员提供专业化、自动化、智能化的服务使能技术和产品。同时,国外法律科技公司的技术融合的方式更为灵活,除通过内部研发构建外,往往还会借助投资与并购方式加速相关产品与技术的整合。

(2)基于区块链技术的法律科技融合创新

近年来,区块链成为了法律科技领域的创新热点。在国际法律技术协会(ILTA)组织的年度会议上,围绕区块链应用的讨论热度渐渐超过了人工智能,大会专门安排了一个专题用于讨论区块链在法律行业的应用。

首先,利用区块链的多方参与、防篡改、可追溯等特性,可以有效保证合同管理、证据保全、纠纷解决等场景中电子数据的真实性与合法性。例如,最高人民法院在 2019 年搭建了人民法院司法区块链统一平台。目前,平台已完成最高人民法院、高级人民法院、中级人民法院和基层人民法院四级多省市 21 家法院,以及国家授时中心、多元纠纷调解平台、公证处、司法鉴定中心的 27 个节点建设,并联合四级法院共完成超 1.8 亿条数据的上链存证固证。同时,最高人民法院牵头制定了《司法区块链技术要求》《司法区块链管理规范》,指导规范全国法院数据上链(见图 12)。

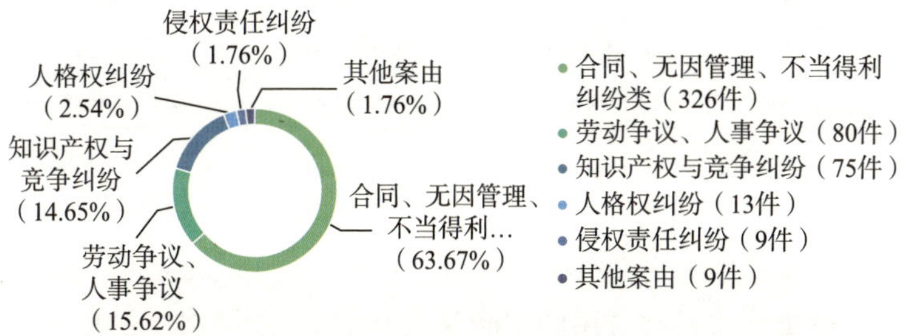

图 12　2020 年中国区块链民事裁判文书类型分布

(图片引用自瀛和律师机构《法律行业区块链 2020 年度报告》)

其次,基于区块链的智能合约技术还可被用来保障法律协议的执行,从而减少"在创建、保护和执行具有法律约束力的协议时产生的成本及摩擦"。例如,2019 年,英国诺顿罗氏律师事务所(Norton Rose Fulbright)联合加拿大的 5 家律师事务所与

OpenLaw 进行了相关技术的试点,验证智能合约在并购交易中的应用。具体来说,律师事务所创建并购托管协议,并使用智能合约技术编写若干条款,智能合约的可计算条款通过以太坊区块链运行。协议在执行时使用稳定币自动解决与赔偿索赔、营运资金支付和纠纷解决有关的问题(见表8)。

表8　法律人工智能、区块链技术融合代表

序号	技术类型	融合公司/机构	合作公司	融合技术
1	法律人工智能	LexisNexis	Knowable	法律文本审查和分析
2		DocuSign	Seal Software	合同审查
3		Relativity	VerQu	聊天机器人
4		Donnelley Financial	eBrevia	合同分析
5	法律区块链	Norton Rose Fulbright	OpenLaw	智能合约
6		北京互联网法院	百度超级链	电子存证
7		Rocket Lawyer	ConsenSys	智能合约+电子支付
8		Thomson Reuters	OpenLaw	文档自动化

(数据来自互联网公开资料)

2. 法律科技创新之服务融合

随着法律科技应用的不断深入和成熟,越来越多的服务平台类的厂商开始考虑集成更多的产品和服务,一方面用以满足律师事务所、法律公司、企业等客户快速增长的技术和数据需求;另一方面也借机吸引合作伙伴,建立更广泛的创新和服务生态。这一时期,服务平台的整合对象主要包括合同生命周期管理、法律文本自动化、服务流程自动化、法律服务协作等产品和服务。

目前，法律科技服务层面的融合存在以下两类模式。

第一种是产品驱动的融合：在这类模式下，融合方通常都拥有一款核心的法律科技产品，然后围绕核心产品不断延伸和打通产品的上下游能力，以形成端到端的解决方案，为法律从业人员提供“一站式”的应用体验。典型案例包括法律管理平台Clio集成Scrive（电子签名工具）纵向提升平台的使用体验、电子取证平台Reveal收购NexLP（法律文档智能审查）横向构建综合解决方案等。

第二种是服务驱动的融合：这类模式的融合方往往是综合性泛法律服务提供商，融合的目标主要通过对法律科技产品和服务的集成，一方面拓展新的法律服务渠道和客户资源，提升市场占有率；另一方面构建法律服务的生态，吸引更多的合作伙伴（见表9）。典型案例包括法律信息提供商Thomson Reuters集成HighQ（法律服务协作平台）构建服务生态、法律公司LOD收购Lexvoco（法律咨询服务）以增强获客能力等。

表9 法律科技平台与服务融合代表

序号	融合公司	合作公司	融合服务
1	Clio	Scrive	电子签名
2	Thomson Reuters	HightQ	法律服务协作平台
3	Wolter Kluwer	CLM Matrix	合同生命周期管理
4	LOD	Lexvoco	法律咨询
5	Coupa Software	Exari	文档自动化平台
6	Mitratech	INSZoom	法律服务流程自动化
7	Onit	McCarthyFinch	文档自动化平台

续表

序号	融合公司	合作公司	融合服务
8	Reveal	NexLP	法律文档分析
9	iManage	Closing Folders	法律交易管理
10	Exterro	AccessData	电子取证

（数据来自互联网公开资料）

综合比较，国内的法律科技公司在服务层面的融合尚不够活跃，并且融合方式往往集中在纵向的“单点解决方案”上，例如国内著名的电子签名平台“上上签”与“众签”的并购。而国外的法律科技公司则更为关注横向的“端到端综合解决方案”的融合，例如 Wolter Kluwer 收购 CLM Matrix（合同生命周期管理）、Thomson Reuters 收购 HighQ（法律协作平台）。这些服务平台公司通常具备更成熟的业务战略、完善的市场策略、强大的管理和技术团队，以及充足的资金投入，这使他们可以通过并购方式快速整合法律科技领域的技术和咨询能力，并基于此衍生出更丰富的法律科技服务。

第二节 国内外法律服务机构法律科技创新概况

一、国内律所法律科技创新概况

1. 参与科技创新的律所规模分布

越来越多的国内律所在提升服务能力的同时，也在以自建或投资等方式积极参与法律科技创新。据统计，约有 47 家律所参与了国内的法律科技创新。在参与法律科技创新的律所中，以 50 人以下中小规模的律所和 100 人以上的律所为主，分别占律所总数的 45%和 38%(见图 13)。数据表明，中小律所和大型律所更有愿意进行业务和技术创新。一方面规模较大的律所利用积累的法律实践经验和资源开始大力布局法律科技创新；另一方面，一些中小所也在积极通过科技创新提升服务质量和律所品牌，希望能实现弯道超车。

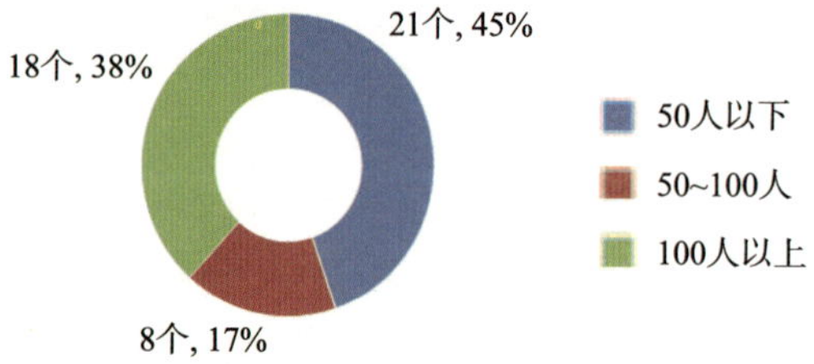

图 13　国内参与法律科技创新的律所规模分布

（数据来自互联网公开资料）

2. 律所科技创新的业务分布

在统计的近 300 家法律科技公司中，50 余家有律所背景，占到全部公司的 19%。在国内律所参与的所有创新项目中，类型最多的是综合性泛法律服务类创新，共有 39 项，具体包括创业法律服务、高端法务服务、知识产权服务、诉讼金融、法律人社区等。法律服务使能技术类创新项目有 12 项，包括法律检索、案件分析、合同管理等。而数字化法律服务平台类创新项目只有 6 项（见图 14）。

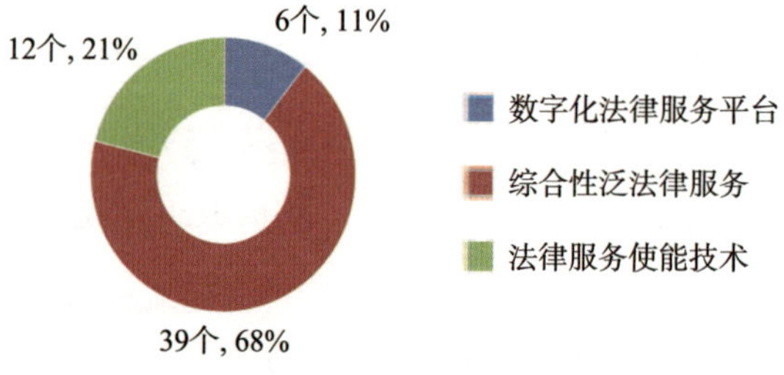

图 14　国内律所参与法律科技创新的业务分布

（数据来自互联网公开资料）

绝大部分国内律所法律科技创新的目的是实现律师与更多

客户的连接，通过互联网接触新的客户资源，从而进一步丰富律所的服务内容，扩大业务范围。因此，在统计的律所参与的所有创新业务中，综合性泛法律服务类业务最多。这其中又以面向中小企业的电商服务居多，包括致力于通过互联网方式连接律师和有需求的中小型企业，以及为创业企业提供“一站式”的法律服务等（见表10）。

表10　国内律所法律科技创新代表

序号	律所	参与创新业务	业务发布时间	业务类型
1	盈科	律云	2013	综合性泛法律服务
2	瀛和	赢在线	2013	综合性泛法律服务
		为安法律金融	2016	综合性泛法律服务
		KindleLaw	2019	数字化法律服务平台
3	天同	无讼	2014	法律服务使能技术
4	金杜	法海网	2014	综合性泛法律服务
		理脉	2015	法律服务使能技术
5	汉坤	简法帮	2015	综合性泛法律服务
		牛法网	2015	综合性泛法律服务
6	中恩信	债全网	2015	综合性泛法律服务
7	君合	律携	2016	综合性泛法律服务
8	泰和	法立方	2017	数字化法律服务平台+法律服务使能技术
9	泰和泰	法蝉	2017	数字化法律服务平台
10	京师	京师在线	2021	数字化法律服务平台+法律服务使能技术

（数据来自互联网公开资料）

二、国外律所法律科技创新概况

1. 律所科技创新的地域分布

2020 年,越来越多的律师事务所已经不满足于仅应用法律科技产品,而是更多地将构建法律科技产品和服务的能力作为其竞争力的体现。例如,年利达律师事务所推出了合同自动化产品 CreateiQ,夏礼文律师事务所(HFW)建立了律所资源管理 IT 平台;密许康德雷亚律师事务所(Mishcon de Reya,MDR)成立 MDRxTECH 技术咨询小组,为客户提供法律数字化转型方案及 IT 工程服务。

进入 2020 年,众多的律师事务所纷纷加大了法律科技创新的力度,并将其作为差异化服务的重要手段。本质上,律师事务所的这些创新已经超出了法律范畴,进入了 IT 技术的设计和开发领域。但律师事务所在法律科技创新的专业性上拥有独特优势,因此可以保证相关产品和服务的成功应用,并极有可能借此形成竞争优势。

从参与的创新项目数量上看,截至 2020 年年底,国外律师事务所共从事了 746 项法律科技创新。这些律师事务所通过成立创新委员会、创新实验室等研发组织,以及与第三方法律科技公司合作等方式来开发适用于自身法律服务的新型解决方案。在创新的地域分布方面,美国和英国仍然是律师事务所从事法律科技创新最为活跃的两个地区,分别参与了 341 和 276 个创新项目,走在了律师事务所法律科技创新的前沿,遥遥领先其他国家。

同时,另一个可喜的现象是,各类泛法律服务机构还通过建立孵化器、加速器、实验室等方式,结合自身专业服务的优势,助力法律科技初创公司改善他们的产品体验,从而推动整个法律科技行业的发展。例如,司力达律师事务所(Slaughter and May)公布了法律科技孵化器 Collaborate,普华永道(PwC)推出了法律科技孵化计划 Scale | LawTech。

2. 律所科技创新的业务分布

与往年相比,另一个显著的变化就是非常多的律师事务所开始加大在法律服务基础设施上的创新投入。截至 2020 年年底,国外律师事务所共参与了 205 项与数字化法律服务平台相关的创新,占所有创新项目的 28%(见图 15)。各大律师事务所都在积极围绕项目管理、知识管理、远程协作、流程优化等平台核心能力开展合作创新和产业孵化,以实现法律服务的数字化、自动化、智能化,支撑在泛法律时代下律师事务所组织架构和服务模式的转型。

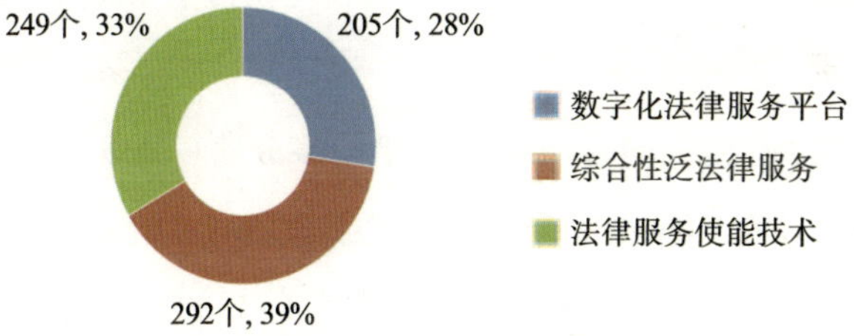

图 15　国外律所参与法律科技创新的业务分布

(数据来自互联网公开资料)

例如,前文提到年利达律师事务所推出的律师协作平台

Re:link。作为年利达律师事务所的法律运营基础设施和律师服务工具的关键组成部分,Re:link 通过整合内外部的替代资源、规范服务流程、集成各类法律科技产品等帮助律师为客户提供更高效、更高体验的法律服务。目前,Re:link 已在英国成功运营,后续,年利达律师事务所还将把服务扩展到其他国家和地区。

2018 年,由英国高伟绅律所、英国富而德律所、英国年利达律所、美国瑞生律所、美国宝维斯律所、美国伟凯律所等 12 家全球领先律所组成的合作联盟,联手打造了法律科技平台 Reynen Court LLC,旨在帮助律师事务所建立高效、安全的法律服务平台,部署复杂的法律科技应用程序,集成人工智能、区块链等新兴技术,同时提供律所及客户信息的安全存托解决方案。由于其广阔的应用前景,2019 年,Reynen Court LLC 又迎来 6 家国际大所加盟,这 6 家律所分别是英国司力达律所、美国达维律所、美国佳利律所、美国德普律所、美国盛信律所和美国威嘉律所。2020 年 10 月,Reynen Court LLC 还获得了 450 万美元的新一轮融资。

2020 年,由英国金马伦麦坚律师事务所(CMS)、美国科律律师事务所(Cooley)和新加坡立杰律师事务所(Rajah & Tann Asia)共同推动成立了法律事务管理平台 Lupl。该平台是一个协作和技术集成平台,旨在让所有法律从业人员能够在平台上共同处理法律事务的相关内容,包括人员、文档、信息、通信和技术应用等。

这些都说明，律师事务所在法律科技创新层面将会越来越务实，注重基础平台与前沿技术的结合，以建立更高效的协作平台和服务组织，整合即将大量涌现出的替代性法律服务，从而为客户提供高性价比的法律服务（见表11）。

表11　国外律所法律科技创新代表

序号	律所	创新机构	孵化项目	创新能力
1	Linklaters	创新实验室	Re：link、CreateiQ	法律服务协作、合同自动化管理
2	Slaughter and May	法律科技孵化器 Collaborate	Tabled、Structure Flow、Clarilis、JUST：Access、Logiak、LitiGate	执业流程自动化、文档自动化、AI诉讼平台、法律文本分析等
3	Clifford Chance	创新实验室 Create+65	CompareNow	合同自动化管理
4	Mishcon de Reya	法律科技孵化计划 MDR LAB	Courtsdesk、Donna、Index、Solomonic	客户关系管理、合同审查、诉讼结果预测
5	Lander & Roger、YBF Ventures	LawTech Hub	Anika Legal、TA Law、Mitimes、Scaleup Josef	工作计时、数据分析、法律机器人等
6	Nagashima Ohno & Tsunematsu	Legal Tech Alliance	MNTSQ	合同分析、文档自动化
7	CMS、Cooley、Rajah & Tann Asia	创新实验室	Lupl	法律服务协作
8	Allens	法律科技加速器	Avvoka、BuildSort、Hutly、Syntheia	文档自动化、智能合同管理、智能合约等

（数据来自互联网公开资料）

三、国外替代性法律服务机构法律科技创新概况

1. 替代性法律服务机构分类

近两年,替代性法律服务提供商进入飞速发展阶段。这些替代性法律服务提供商凭借多方面的竞争优势,例如完备的服务和产品结构,成熟的项目、流程、价格管理体系,日趋庞大的法律服务团队,以及标准化、自动化、智能化的法律使能技术,为客户提供综合性的法律服务解决方案,加大对传统法律服务行业的渗透。

世界知名的法律研究机构 Acritas 对来自 51 个国家 1169 名受访者进行了电话采访(受访者为在全球年收入 10 亿美元以上的企业内负责法律服务采购的高级法律顾问),采访主要围绕替代性法律服务提供商开展了一系列的调查。根据 Acritas 的调查结果,汤森路透(Thomson Reuters)再次成为法律行业最具创新力的提供商,同时,安永(EY)在法律领域的品牌影响力不断上升,在所有服务提供商中排名第一。相比之前,"四大"会计师事务所与汤森路透已经牢牢占据了替代性法律服务前五的位置。同时,Axoim 排名上升,与德勤(Deloitte)的法律部门并列第五。

经过多年的发展,替代性法律服务提供商已经演变出 4 种主要类型,分别是:法律服务外包提供商、"四大"会计师事务所、合约律师平台和在线法律服务提供商(见表 12)。

表 12　全球替代性法律服务机构分类

序号	替代性法律服务提供商类型	服务说明	类型代表
1	法律服务外包提供商	为企业法务部门和律师事务所提供法律外包服务,例如合同管理、监管合规、知识管理等	AccentureCaaS、Thomson Reuters LMS、Pangea3、DTI、Elevate
2	“四大”会计师事务所	从传统税务咨询业务向“税务+法律”服务延伸,为客户提供综合服务解决方案	EYRiverview Law、PwC Legal、KPMG Legal Services、Deloitte Legal
3	合约律师平台	向企业提供临时律师,服务范围涵盖入门级的文档审查服务到高专业性的法律服务	LOD、Special Counsel、Axiom
4	在线法律服务提供商	基于网络平台提供标准化法律服务,如企业设立、合同草拟、知识产权、纠纷调解等	LegalZoom、Rocket Lawyer、Legalist、Notarize

(数据来自互联网公开资料)

2. 替代性法律服务机构科技创新的业务分布

替代性法律服务提供商对法律科技的研究和应用比传统律师事务所更为积极和主动,并且他们更加关注法律科技中的法律服务使能技术。目前,其对法律服务使能技术的研究与应用主要聚焦 5 个领域:法律大数据检索、文本审查与生成、电子取证、监管风险与合规审查、诉讼和调查支持(见图 16)。通过对这些法律服务使能技术的应用,替代性法律服务提供商一方面可以提升现有作业流程的专业性与标准化,方便与客户组织与流程的对接,从而提供更高品质的服务解决方案;另一方面,诸如法律大数据、人工智能等使能技术的应用还可以帮助其更高效地完成复杂的劳动密集型任务,从而进一步压缩服务成本,最终构建高性价比的"一揽子"综合性法律服务。

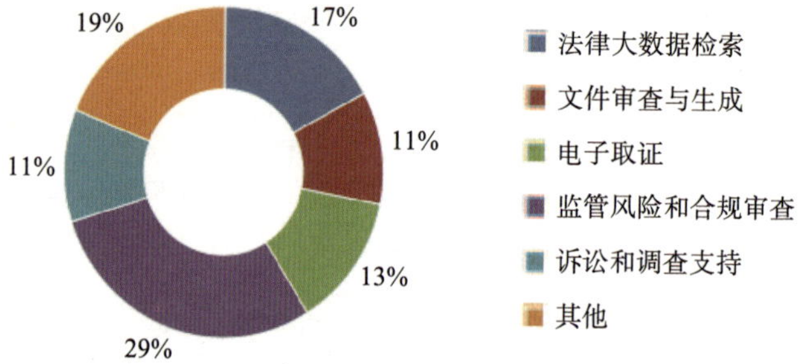

图 16 全球替代性法律服务机构法律服务使能技术创新分布

(数据来自互联网公开资料)

除了积极应用法律科技产品与技术,替代性法律服务提供商还通过建立各类孵化器和加速器,帮助法律科技初创公司孵化和改善产品体验,培养法律科技领域的创新人才,从而推动整个法律科技行业的发展(见表 13)。例如,普华永道(PwC)发布的法律科技孵化器 Scale|LawTech,已经吸引了 8 家法律科技公司进驻,覆盖了法律检索、合同生成及审核、合规管理、电子签名等多个法律科技领域。德勤(Deloitte)也推出了法律风险投资计划(Deloitte Legal Ventures),根据其法律部门团队、产品以及未来法律技术发展,德勤分析和评估了近 400 家法律科技公司,最终挑选并投资了 14 家公司,涵盖了案件管理、法律人工智能、法律数据分析和预测分析等领域。这些孵化和投资活动增强了替代性法律服务提供商的技术应用与整合能力,极大提升了法

律服务的竞争力。

表 13　全球替代性法律服务机构法律科技创新代表

序号	替代性法律服务提供商	创新机构	孵化项目	创新技术
1	PwC	Scale LawTech	Audit、Cognitiv+、Capnovum 等	监管合规与审计、合同审查、流程自动化
2	Thomson Reuters	TR Ignite	Intelllex、Digital Claim、Kleros 等	文本分析、纠纷解决、违约索赔
3	Deloitte	Deloitte Legal Ventures	Autologyx、Define、Juralio、Ping、Reynen Court 等	流程自动化、文档自动化、合规审查、诉讼结果预测等
4	Exigent	Bright Minds Capital Partners(BMCP)	NEXL	法律服务协作
5	LexisNexis	Legal Tech Accelerator	Civvis、Discovery Genie、JDoe、Lawgood、TermScout、Tusk 等	合同管理、文档审查、电子取证

(数据来自互联网公开资料)

第三节

全球司法机构法律科技创新概况

互联网、云计算、大数据、人工智能等信息技术不仅改变了法律服务行业，而且对司法领域也产生了深刻的影响。例如，信息与网络技术的兴起精简了常见的司法程序，人工智能和大数据技术则有效降低了诉讼成本。为此，各国司法机构纷纷开展相应的研究和实践。英国上诉法院在2016年发布了《民事法院结构改革最终报告》，其中第六部分“在线法院”既是整篇报告的亮点，也是司法改革的热点。报告指出“传统法院是工业化时代的结果，而在线法院是互联网时代的产物；传统法院必将衰落，在线法院必将兴起。在线法院将是这个时代里最具革命性、最具颠覆性的新型法院；在线法院将改变法院生产正义的方式以及当事人实现正义的途径。”这些探索对各国在司法领域的信息化建设、法律科技在司法领域的应用有着积极的借鉴意义。

一、国内司法机构法律科技创新概况

1. 司法机构科技创新的场景和地域分布

国内司法领域在法律科技的创新和应用上无疑是走在世界前列的。经过近几年的实践、摸索和总结，国内在互联网法院建设、在线纠纷解决平台的设计与运行、电子证据的存证与验证等方面取得了重大突破。

首先，从与法律科技结合的广度上看，国内司法系统的科技创新几乎涵盖了起诉、调解、立案、庭审、宣判、执行等司法工作的所有环节。目前，国内司法系统已经完成了"审判流程、庭审公开、裁判文书、执行信息"四大平台的建设，先后建立了中国审判流程信息公开网、中国裁判文书网、中国庭审公开网、中国执行信息公开网，不断促进司法工作的公开与透明。同时，为进一步满足多元化司法治理需求，国内的司法系统正不断推动法律科技实践向电子诉讼、审判执行、纠纷调解等领域延伸，建立线上线下相结合的诉讼服务体系，打造网上立案、网上缴费、网上调解、网上开庭、电子送达等一体化、"一站式"在线解纷模式，逐步实现法律科技在司法领域全流程、全方位覆盖。

截至 2020 年年底，全国 3500 多家法院基本建成了以诉讼服务中心为主体，以诉讼服务指导中心信息平台、中国移动微法院、人民法院调解平台、全国法院道路交通事故纠纷诉前调解平台、人民法院送达平台、12368 诉讼服务平台、人民法院网上保全系统、人民法院委托鉴定系统、全国法院涉诉信访管理系统、人民法院律师服务平台等十大诉讼服务信息平台为支撑的“一站式”多元解纷和诉讼服务体系建设总体框架(见图17)。

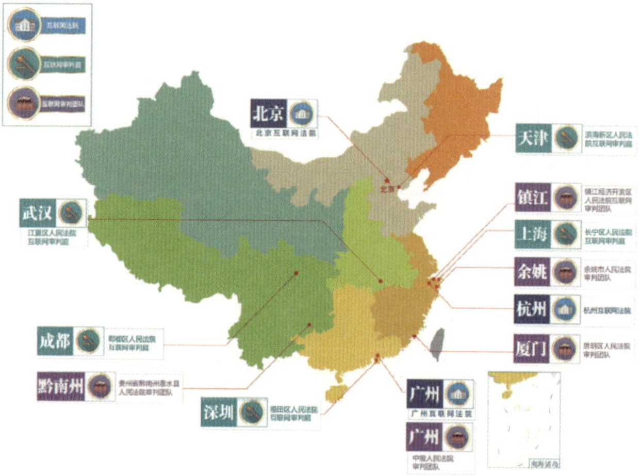

图17　国内司法机构法律科技创新地域分布

(图片引用自最高人民法院《中国法院的互联网司法白皮书》)

2020年,在最高人民法院领导下,全国法院进一步健全诉讼服务大厅、诉讼服务网、12368热线、巡回办理“厅网线巡”立体化诉讼渠道,推动实现诉讼服务一站通办、一网通办、一号通办、一次通办。截至2020年年底,全国98%的法院建立了诉讼服务大厅,98%的法院运行诉讼服务网,线下“一站式”服务项目已经逐步拓展到线上。

2020年全国各家法院均已开通移动微法院并上线运行。中国移动微法院上线运行展现了“一站式”、便捷化、灵活扩展的移动诉讼服务能力。以中国移动微法院为载体,诉讼服务大厅、诉讼服务网实现数据集成，一套数据全网流转、一个入口服务群众。当事人可在平台享受立案、查询、交费、调解、庭审、保全、委托鉴定等29项在线诉讼服务，诉讼事务可实现“家里办”“掌上办”“随时办”。截至2020年年底，中国移动微法院累计实名用户数355万，日均访问量超过217万次，全国法院利用移动微法院网上立案371.94万余件；利用移动微法院网上开庭5.4万件，网上调解22.8万次，网上证据交换24.37万次，电子送达612.9万次，跨域立案8.2万件，为切实解决异地诉讼不便等问题提供了有力支持。

2. 司法机构科技创新的应用特点

从法律科技创新的深度上看，随着信息技术、数字技术的蓬勃发展，各地司法机构正全面推进互联网、云计算、大数据、人工智能、区块链等新技术在司法工作中的深度应用。目前，在法律科技的加持下，国内的各类司法活动已经从时间线单一、场景封闭、参与方固定的传统模式，逐步转向时间线开放、场景灵活、多方参与交互的线上线下融合新模式。各地法院也在通过庭审语音识别、电子证据展示、文书自动纠错、电子卷宗随案生成、智能辅助办案、审判流程管理等模块化应用，逐步将分散的司法实践和经验，深度集成整合为开放、共享、智能的综合运用模式，最终实现司法运行从网络化向智能化迭代升级，促进审判体系和审判能力现代化（见图18）。

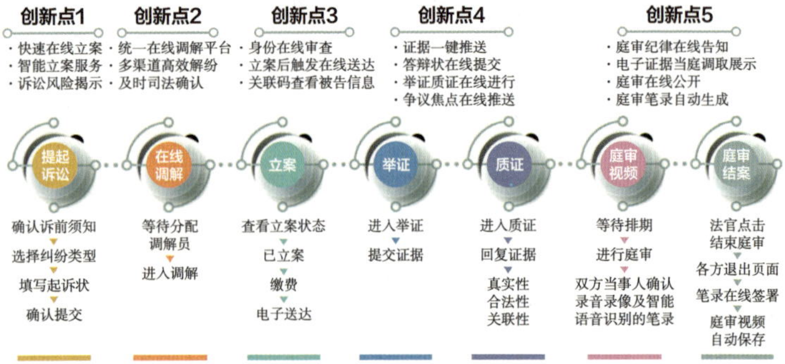

图 18　国内司法机构法律科技创新应用

（图片引用自最高人民法院《中国法院的互联网司法白皮书》）

截至 2020 年年底，全国 93%以上的法院建成了电子卷宗随案同步生成系统，从技术上实现电子卷宗目录编制、网上阅卷、法律文书辅助生成、电子卷宗归档等核心功能。2020 年，全国新收案件中汇聚了电子卷宗的有 16,782,423 件，电子卷宗覆盖率为 90.64%，32 家高级人民法院中有 15 家覆盖率超过 95%，有 23 家高院覆盖率超过 90%。最高人民法院 2020 年以来审理案件的原审案件电子卷宗档案合并可用率平均为 94.88%，全国范围内所有地区的电子卷宗档案合并可用率均达到 95%以上，实现了基于电子卷宗的无纸化办案和智能化辅助。

2020 年，全国各级法院积极开发智能化审判辅助系统，借助信息化手段大力推进审判流程再造，全面提升审判工作效率。例如，智审系统通过将案件卷宗材料数据化、文档化、结构化，辅助法官一键生成各类制式文书，并辅助法官快速编写复杂裁判文书。同时，推出法信平台，满足法官在办案过程中对法律、案例、专业知识的精准化需求。截至2020年年底,法信平台拥有文献总数达11,689万余篇,总字数达935余亿字,法信平台注册用户117.8万余人,平台总访客量2573万人,总浏览量2.99亿人次,实现与全国3200家法院内外网同步,成为目前中国容量最大的法律应用知识资源库。再者,新上线类案推送系统,不断提升类案推送的精确性,为法官直接推送与案件相关的法律法规、司法解释等法律条文。

2020年,全国法院在智慧法院建设过程中,着力开发一系列智能庭审系统,将科技法庭系统与电子卷宗系统融合,支持合议庭辅助阅卷、电子质证、语音记录、自动生成庭审提纲、归纳争议焦点等功能,积极构建无纸化庭审模式。截至2020年年底,全国建设科技法庭4.4万余个,其中25个省份法院的科技法庭覆盖率达到90%以上。2020年全国共有3258家法院配备了庭审语音识别系统。庭审语音识别系统提供覆盖全国26个高级人民法院,具有8种方言语言模型,支持庭审过程中自动识别和切换语言模型,已经在浙江、安徽、北京等地法院广泛应用。

同时,建立司法链平台,强化区块链等技术对在线审判的支撑。截至2020年年底,司法链平台共有内网端14个节点、互联网端35个节点,合计上链数据超过6.02亿条,以电子数据真实快速固定、合理采信推动审判公正高效(见表14)。

表 14 国内司法机构法律科技创新代表

序号	司法机构	创新服务	创新技术
1	最高人民法院	中国法律应用数字网络服务平台	大数据
		人民法院大数据管理和服务平台	大数据、云计算
		统一在线调解平台	云计算
		国家法律法规数据库	大数据
2	北京互联网法院	在线智慧诉讼服务中心	人工智能
		"天平链"电子证据平台	区块链
3	杭州互联网法院	区块链智能合约司法应用	区块链
4	广州互联网法院	可信电子证据平台	电子签名
		类案批量智审系统	云计算
5	广东省高级人民法院	最高人民法院智慧法院（广东）实验室	大数据、人工智能
6	河北省高级人民法院	重点案件监督管理平台	大数据
7	苏州市中级人民法院	智慧审判系统	人工智能
8	成都市中级人民法院	"和合智解"在线司法服务平台	云计算、人工智能
9	台州市中级人民法院	台州法院清廉司法风险防控系统	大数据
10	深圳市中级人民法院	深圳移动微法院	云计算

（数据来自互联网公开资料）

二、国外司法机构法律科技创新概况

1. 司法机构科技创新的地域分布

国外司法领域对法律科技的关注和研究相对较早。21 世纪初，在一些信息技术较为发达、法律体系较为健全的国家和地区就已经出现了针对"网络法院""在线纠纷解决"等模式的探索。同时，国外司法领域对于司法科技应用的理论建设也较为全面和成熟,围绕科技对司法的公正性、透明度、执行效率、利益平衡、隐私保护等方面都有较为细致的分析和界定,并且出台了相关的法律法规用于配合新技术的应用。整体来看,国外对法律科技的研究与探索的角度和深度各异,其中以美国和英国在司法领域的创新研究最为深入。

例如,美国马赛诸塞州本特利学院的法学教授露西尔·M. 庞特(Lucille M. Ponte)早在2002年就对网络法院开展了研究。在其研究成果 *Michigan Cyber Court:A Bold Experiment in the Development of the First Public Virtual Courthouse* 中,庞特教授对网络法院设立的立法依据及其在线审判活动适用的诉讼程序和新制定的规则进行了细致的介绍。其独特的研究视角在于通过对“虚拟法官项目”(Virtual Magistrate project)的重新审视和经验总结,分析了网络法院在运行初期可能出现的障碍,尤其是当事人隐私保护与网络法院在线文档与审判公开之间的矛盾与平衡,并提出了相应的解决方案。

英国司法领域在法律科技的尝试上虽然稍晚于美国,但其创新和实践理念已经逐步完善。最具里程碑意义的事件是在大法官布里格斯勋爵(Lord Justice Briggs)的带领下,英国上诉法院在对英国民事法院构架和司法程序进行了两年的专题研究后,于2016年发布了《民事法院结构改革最终报告》。报告专门提出了互联网法院的建设的构想,旨在提供便捷、高效、经济的诉讼方式,打消当事人对进行诉讼所需投入的时间与金钱成本的顾虑,充分利用诉讼救济与资源,实现司法公正和司法资源的合理分配。报告初步设定了计划建立的互联网法院管辖案件的标的额上限，构想了互联网法院办理案件的三个基本步骤。报告规划了该类互联网法院必须通过线上电子文件审阅、远程沟通、面对面交流等多元的方式审理案件以满足不同性质案件的个案需求。

2. 司法机构科技创新的理论依据

为推动法律科技在司法领域的成功运行和长远发展，各国在司法创新理论研究的基础上都在尝试制定较为清晰、合理的立法保障（见表 15）。例如，美国密歇根网络法院正式成立和运行前，密歇根州议会就颁布了《网络法院法案》，并且在该法案的基础上对密歇根州的诉讼证据规则进行了修订，同时在该州法院规则中新增了第 2700 节在线诉讼的章节，为网络法院的审判实践提供法律依据和规则指引。英国互联网法院的建立和发展也有《民事法院结构改革最终报告》提供制度上的立法根据和模式设计上的指导。德国则以“2022 年建成电子司法”为目标分步骤进行法律修订：2013 年对民事诉讼中的电子送达、电子案卷和电子视听会议进行改革；2016 年对消费者领域内的替代纠纷解决（ADR）和在线纠纷解决机制（ODR）进行规制；2017 年对公证进行电子化改革。这些都为解决法律科技在司法领域应用过程中确立基本执行原则、设计流程与模式、避免与现有法规的冲突提供了法律依据。

表 15　国外司法机构法律科技创新代表

序号	司法机构	创新服务	法规依据
1	英格兰和威尔士交通处罚法院	交通处罚在线申诉庭	《民事法院结构改革最终报告》
2	英国法院和法庭服务机构	数字证据存储试点项目	
		英国在线法院	
		在线金钱赔偿平台	
3	美国密歇根州最高法院	网络法院	《网络法院法案》《网络法院程序规则》
4	德国法院	电子司法	《德国民事诉讼法典》
5	加拿大不列颠哥伦比亚省法院	在线民事纠纷审裁庭	《民事纠纷审裁法案》
6	韩国最高法院	法官审判工作智能管理系统	《远程审判法》《民事诉讼中利用电子文书的相关法规实行时间相关规定》
		法院信息中心	
		在线电子立案系统	
7	澳大利亚法律改革委员会	电子案件法院管理系统	《电子上诉规则》
8	新加坡律政部	法律科技加速计划	—

（数据来自互联网公开资料）

第四节

全球法学院校法律科技创新概况

随着法律科技的蓬勃发展，法律从业者面临着新的认知与技术挑战，这也意味着高等法学院校需要适时拓展新的教育和创新模式，以培养出“法律+科技”双重背景的复合型法律人才。

因此，全球各大法学教育机构在“法律+科技”领域围绕着教学、研究、孵化和推广等方面开展了大胆而全面的创新，并取得了丰富的学术成果和显著的应用效果。

经过调研，我们总结出了全球法学教育机构的六类创新模式，这些创新模式并不是互相排斥，每个教育机构都可以结合自身的专业优势和掌握的外部资源，同时提供多种模式的法律科技教学创新。具体的创新模式如表 16。

表 16 全球法学院校法律科技创新模式

序号	创新模式	创新模式说明
1	研究中心	针对法律服务创新和技术开展相关研究的机构
2	产品创新	直接从事法律科技创新业务和产品的研发
3	实践项目	在专家的指导下给法学院学生传授为客户提供法律服务的实践经验,重点关注法律服务的创新和技术
4	创新孵化	旨在帮助法律服务交付和技术创新的初创企业取得成功的孵化器或加速器
5	专业课程	旨在向学生提供法律服务和技术创新等专业知识的教学课程
6	在职培训	为公司高管或法学院毕业的律师提供法律服务交付创新和技术的继续教育

(数据来自互联网公开资料)

一、国内法学院校法律科技创新概况

目前,国内法学院校正在加快法律科技相关的课程教学及创新研究,积极探索科技在法律行业,尤其是司法系统的应用。但是,国内法学院校在“法律+科技”领域的教学拓展、交叉学科的课程开发,以及在推进法律科技应用的创新模式与教学方式上与国外高校相比还略显单一。据统计,目前国内共有 23 家教学机构开展了法律科技的教学创新,在创新模式上主要集中在“研究中心”和“专业课程”这两类(见图 19)。

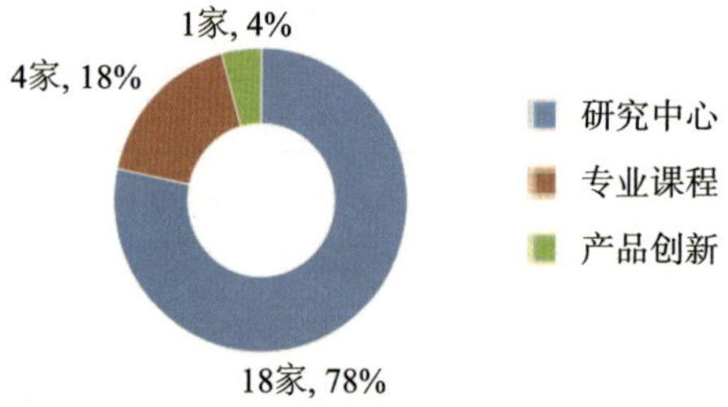

图 19　国内法学院校法律科技创新模式分布

（数据来自互联网公开资料）

同时，由于近几年我国加大了在大数据、人工智能等 IT 前沿技术领域的研发和应用，因此国内的法律科技教学课程以及相关研究也更多围绕这几个方向开展合作，并且取得了诸如《大数据视角下的刑事诉讼法实施效果评估》《大数据视角下的长三角地区刑事法治指数报告》等一系列的研究成果。但是也应看到，部分研究中心、实验室相关的教研活动往往聚焦理论研究，其与法律科技企业、法律服务机构的合作还不够活跃，尚未形成通过实践反哺理论研究和法学教育的产学研闭环（见表 17）。

表 17　国内法学院校法律科技创新代表

序号	高校	创新模式	创新机构
1	中国政法大学	研究中心	大数据和人工智能法律研究中心、犯罪大数据研究中心
2	中国人民大学法学院	专业课程	大数据智能司法
		研究中心	智慧法律科技创新研究中心
3	北京大学法学院	研究中心	法律人工智能实验室、法律人工智能研究中心

续表

序号	高校	创新模式	创新机构
4	清华大学法学院	专业课程	计算法学
		研究中心	清华大学法学院法律与大数据研究中心
5	华东政法大学	产品创新	“互联网+法律”大数据平台
6	上海交通大学法学院	研究中心	法律与认知科学研究中心
7	西南政法大学	专业课程	人工智能法学
		研究中心	人工智能法学院
		研究中心	大数据法律研究中心
8	东南大学法学院	研究中心	人民法院司法大数据研究基地
9	南京大学法学院	研究中心	法律推理与人工智能研究中心
10	香港大学法学院	研究中心	Law, Innovation, Technology and Entrepreneurship

(数据来自互联网公开资料)

二、国外法学院校法律科技创新概况

国外的法学院校在法律科技的教学、研究与创新方面起步较早,并且教学理念也较为先进。其开展法律科技教学创新的目的已经从最初的“IT 技术在法律领域的应用”向“培养学生的心理素养、思维方式、理论基础、实践技巧等综合素质”的理念转变。这其中以美国和英国的法学院校最具代表性。以美国为例,目前共有 49 家法学院校提供了法律科技的教学课程和创新研究,旨在教授学生在法律服务交付创新和技术方面的专业知识和实践经验。其中包括了斯坦福大学、芝加哥肯特法学院、哈佛大学、哥伦比亚大学等知名学府(见图 20)。

图 20　美国法学院校法律科技创新项目分布

（图片引用自密歇根州立大学法学院，*Law School Innovation Index* 2020）

同时，国外院校的法律科技课程和教学形式也非常灵活。主要课程涉及法律与大数据、人工智能、区块链、信息安全等交叉学科，课程内容包括如何为科技创新与发展提供法律保障，以及信息技术在司法、立法、执法与法律服务等领域的创新应用（见表 18）。

表 18　国外法学院校法律科技创新课程分类

序号	创新课程	创新课程说明
1	人工智能与法律	探索适用于各种形式人工智能的法律的课程

续表

序号	创新课程	创新课程说明
2	区块链和法律	探索适用于区块链、比特币等加密货币和智能合约的法律的课程
3	网络安全和法律	探索适用于网络安全、数据泄露和隐私的法律的课程
4	电子数据检索和分析	探索适用于电子数据的发现与分析的法学课程
5	企业家精神和法律	探索适用于企业家的法律理论课程

(数据来自互联网公开资料)

并且这些院校往往会通过讲座、论坛、研究项目、现场实习、俱乐部、黑客马拉松等多种教学形式,为潜在的学生、在校学生、校友和企业家等传授"法律+科技"的知识,培养未来职业成功所需的能力(见图 21)。

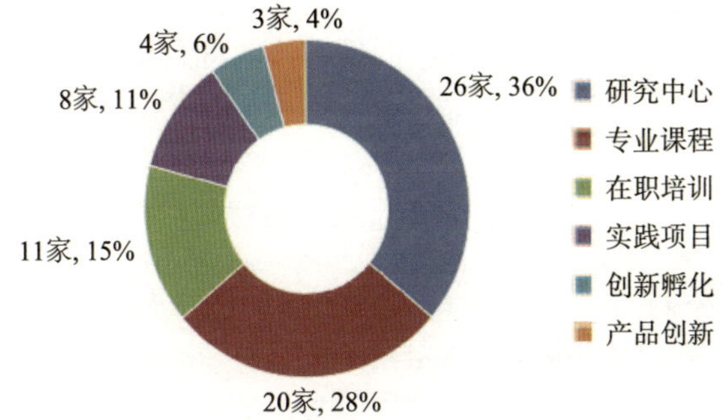

图 21　美国法学院校法律科技创新模式分布

(数据来自互联网公开资料)

国外的法学院校参与法律科技创新的模式也更为多元化。仍然以美国为例,其创新模式已经涵盖了"研究中心""专业课程""在职培训""实践项目"等教学研究的方方面面,这些模式极大地促进了法学院校与服务机构、科技公司间的协作，有利于形成桥接学术与行业的新型教学团队，培养出具有实践经验的复合型法律人才（见表19）。

表19　国外法学院校法律科技创新代表

序号	高校	创新模式	创新机构
1	美国斯坦福大学法学院	专业课程	算法管理：在监管型国家中的人工智能
		研究中心	CODEX 法律信息研究中心
2	美国杜克大学法学院	创新孵化	Duke Law Tech Lab
3	美国哥伦比亚大学法学院	在职培训	法律技术博览会
4	英国曼彻斯特大学法学院	创新孵化	Law & Technology Initiative
5	英国英博夏尔大学法学院	实践项目	法律科技实践
6	英国斯旺西大学法学院	创新孵化	Legal Innovation Lab Wales
7	澳大利亚弗林德斯大学法学院	专业课程	法律编程
8	丹麦哥本哈根大学	研究中心	法律科技学院
9	德国汉堡法学院	实践项目	法律科技实践
10	新加坡法律学院	创新孵化	Global Legal Innovation and Ditigal Entrepreneurship

（数据来自互联网公开资料）

第四章

全球法律科技行业创新洞察

一、法律科技创新动态

（一）合同生命周期管理提供商 Icertis 加速技术融合

合同生命周期管理（Contract Lifecycle Management，CLM），是当前法律科技的创新热点，是很多法律科技公司都瞄准的一个创新方向。合同生命周期管理主要指的是围绕合同从起草、签订、履约、变更到结束的全周期实现过程监控与结果管理的信息化解决方案。其管理范围包含但不限于对合同的电子化升级、审批、内容合规性审核、经营数据分析等。根据 MGI Research 最新的调查报告显示，未来 5 年，合同生命周期管理将成为一个价值 200 亿美元的市场，每年的增长率将超过 30%。著名的"合同生命周期管理"服务提供商 Icertis 便是该领域的佼佼者。

Icertis 是一家提供云端合同全生命周期管理服务的法律科技公司。公司由 Samir Bodas 和 Monish Darda 于 2009 年创建，总部位于美国西雅图。公司服务的客户包括微软、谷歌、戴姆勒、空客、强生等诸多巨头。2021 年 3 月，Icertis 完成了 8000 万美元的 F 轮融资，使其估值已经将近 30 亿美元。

Icertis 定义了合同生命周期管理的 9 个关键步骤：请求、创建、批准、协商、签署、捕获、遵从、管理和优化。基于这 9 个步骤，Icertis 建立了合同生命周期管理平台 ICM（Icertis Contract Management），用于管理企业客户在日常业务运营中签署和发送的合同。Icertis 的合同生命周期管理平台实现了：①合同自动生成;②数据安全存储和隐私保护;③合同审批流程;④合规审查;⑤电子签名;⑥合同文本风险监测等信息化功能。从而大大简化了客户的合同管理工作,降低了管理成本和风险。目前,ICM 平台已帮助全球客户管理了超过 650 万份合同,总价值超过 1 万亿美元。

同时,相对于其他几家合同管理服务提供商,Icertis 非常重视人工智能、区块链等新技术在合同管理中的应用,希望借此加强管理平台的在合规审查、风险识别、数据安全等方面的能力。在人工智能技术的探索和应用方面,ICM 平台借助自然语言处理等技术可以更好地理解合同条款的含义,并确定哪种合同语言可能会给企业带来风险或机会。例如,一种名为 VisualizeAI 的工具能够根据合同完成状态和潜在的法律风险等因素自动将相似的合同分组。另一种名为 NegotiateAI 的工具可以为相关组织提供如何优化协议条款的建议。

在区块链技术的探索和应用方面,ICM 平台提供了一种名为 Icertis 区块链框架的工具包,该工具包可以帮助企业利用基于云的分布式分账本创建“智能”合同,以提高合同框架的透明度和执行效率。企业可以为合同设置访问权限,以便只有授权用户才能查看合同中的敏感信息。企业还可以创建“智能条款”,以根据法律或业务情况(如交易状态的变化)自动触发执行。

由于 Icertis 出色的产品体验和创新能力,2021 年,技术和市场调研公司 Forrester 发布的报告 *The Forrester Wave™: Contract Lifecycle Management for All Contracts* 将 Icertis 评为合

同生命周期管理领域的行业领导者。并且,Icertis 还被 AI Everything 与 Forbes 联合授予“人工智能创新大奖”(AI Brave Award),以表彰其在人工智能应用和创新方面取得的成绩。

(二)年利达律师事务所专注于法律服务平台和产品的创新

年利达律师事务所(Linklaters)是一家总部位于英国的国际律师事务所,成立于 1838 年。主要从事于银行与金融、资本市场、公司并购、重组和破产、反垄断和税收等领域的法律服务,发展至今在全球已有 30 多家办事处和 2900 多名律师。

近年来,随着法律科技的蓬勃发展,年利达律师事务所越来越重视新兴技术在法律服务中的应用实践。首先,在组织层面,年利达律师事务所成立了创新委员会,并采取了多项举措以鼓励律所内部的技术创新。例如,成立创新实验室,并且对律师开展编程培训。其次,在业务层面,一方面年利达律师事务所积极在服务中应用法律科技产品。例如,在法律尽调服务中使用 Kira 进行合同分析;与 RAVN Systems 合作,基于知识图谱技术实现律所内部的知识收集、整理和分析。另一方面年利达律师事务所也在不断尝试法律科技产品的孵化与创新,打造贴合本所管理和服务需要的个性化管理平台与 IT 工具。

2018 年,年利达律师事务所推出了能够实现数据分析与提取的人工智能平台 Nakhoda,希望通过 Nakhoda 平台实现对法律文件的自动分析,以及利用 Nakhoda 平台进行法律研究和发掘数据之间的联系。经过在该所银行与金融业务等部门的成功试运行，该平台已经被运用于更多业务领域。Nakhoda的推出得益于年利达律所与总部位于伦敦的人工智能公司Eigen之间的合作，年利达律所派出了五名律师加入Nakhoda团队。

2019年，年利达律师事务所又推出了为资深签约律师服务的云平台——Re：link。平台可以从律所庞大的校友网络中挖掘客户，继而为客户提供可信的法律服务资源网络；帮助有才华的律师在能够灵活工作的同时为客户提供高质量的法律服务，以满足律师个人职业成长的需要。Re：Link的主要特点包括：

· Re：link不是独立的平台，利用年利达律所专业化的基础设施，平台可以把律师、合作伙伴和客户联系起来；

· Re：link是年利达律所法律运营的核心组成部分，通过整合替代资源、规范流程、法律科技产品等为客户提供高效服务；

· Re：link能吸引高素质的律师，并帮助他们连接到重要的客户和法律工作；

· Re：link由专业团队提供技术支持和流程优化。

作为年利达律师事务所的律师服务平台和法律运营工具的关键组成部分，Re：link将使年利达能以敏捷的方式运营，在快速变化的环境中高效地满足客户的需求。

2021年2月，年利达律师事务所在其技术平台Nakhoda的基础上，通过抽象归纳律师团队的服务经验和领域知识，又推出了合同自动化产品CreateiQ。该产品可以从原始的合同文件中获取有价值的结构化数据，并在一个加密且安全的环境中对合同进行谈判、审批、签署、合规等管理，帮助客户更好地管理合同风险，作出关键的业务决策。

目前，已有近30家世界500强公司，以及全球资产规模最大的10家银行中的8家使用了CreateiQ产品。

（三）“四大”会计师事务所全面进军泛法律服务市场

近几年，“四大”会计师事务所选择全面进军泛法律市场。相对于其他竞争对手，四大会计师事务所的发展路径是希望从审计公司转型为“多领域、全方位专业服务公司”，再转型为“综合性服务解决方案提供商”，而法律服务是其综合解决方案中的一个重要组成部分。

与其他替代性法律服务提供商相比，四大会计师事务所的优势在于：全球性的品牌覆盖，完整的服务和产品结构，成熟的项目、流程、价格管理体系，与世界500强公司高层的牢固关系，已初具规模的法律服务团队，以及对于创新技术的应用。这些使“四大”快速地确立了在全球替代性法律服务中领头羊的位置。根据英国法律研究机构Acritas的2019年全球替代性法律服务提供商（ALSP）排名，安永、普华永道、毕马威、德勤位列前五（见图22）。

Rank	Organization		Brand Index
1	EY	EY Law	100
2	pwc	PwC Legal	98
3	THOMSON REUTERS®	Thomson Reuters	95
4	KPMG	KPMG Legal	61
=5	axiom	Axiom	58
=5	Deloitte. Legal	Deloitte Legal	58
7	LexisNexis®	LexisNexis	43
8	LOD	LOD (Lawyers on Demand)	23
9	elevate	Elevate	20
10	Wolters Kluwer	Wolters Kluwer	19

图 22　2019 年全球替代性法律服务机构排名

（图片引用自 Acritas《Global ALSP Brand Index 2019》）

随着“四大”会计师事务所的全球性法律服务网络的建立，也导致其与传统律师事务所的竞争日趋激励。2019 年，毕马威一次性挖走了法国最大的律所 Fidal 的 144 名律师，其中包括 26 位税务领域合伙人。根据咨询机构 Altman Weil 的一项调查显示，46.4%的律师事务所将“四大”会计师事务所视为市场上的潜在威胁;有9.3%的律所表示,已经有部分潜在案源被“四大”会计师事务所抢走。对于拥有超过250名律师的大型律所来说,这些数字更加触目惊心。在这些律所中,65.5%认为“四大”会计师事务所将会成为潜在的竞争对手;11.5%的律所已经因“四大”会计师事务所的竞争而存在案源流失的情况(见表20)。

表20 2019年“四大”会计师事务所与国际大所规模对比

“四大”会计师事务所	律师人数	覆盖国家/地区	Am Law 100 Top 4	律师人数	覆盖国家/地区
安永	2400	85	凯易	2300	5
普华永道	3600	95	瑞生	2500	14
毕马威	2300	76	贝克麦坚时	4700	45
德勤	2400	80	欧华	3700	40

(数据来自互联网公开资料)

同时,“四大”会计师事务所之所以能在法律服务行业取得快速增长,还有个重要的原因就是对法律科技的重视和投入。

首先,“四大”会计师事务所热衷于大规模地采购成熟的法律科技产品和解决方案来帮助其提高工作效率。例如,普华永道购买了Seal Software、ThoughtRiver来进行合同审查、数据分析等工作;德勤也采购了Luminance、Kira来审查法律文档;毕马威则购买了IBM Watson用于合规审查;安永在收购Riverview Law的同时,也收购了其法律事务的管理和操作平台,并且应用在安永的法律业务中。

其次,"四大"会计师事务所还热衷于扶持法律科技公司,推动创新产品的孵化。例如,普华永道发布了法律科技孵化器Scale | LawTech。参与孵化的法律科技公司包括 AuditXPRT、Cognitiv+、Contract Mill、Lexical Labs 等 8 家公司,覆盖了法律咨询、合同生成、合同审核、合规管理、电子签名等领域,几乎涵盖了普华永道非诉律师业务的所有流程。

与此同时,德勤也推出了德勤风险投资计划(Deloitte Legal Ventures)。德勤根据自己的法律产品、团队及未来的法律技术的发展,对近 400 家法律科技公司进行了分析和评估,精挑细选出 Ping、Reynen Court、Avvoka 等 14 家公司开展合作,涵盖了项目管理、法律人工智能、法律数据分析和预测等领域。

最终,"四大"会计师事务所通过在法律科技产品和技术方面的投入,一方面优化了现有的业务模式和作业流程,为客户提供更高效、体验更佳的法律外包服务;另一方面,通过对法律大数据、人工智能等新技术的应用,进一步压缩了服务成本,实现法律服务与其他专业服务的整合,从而打造出成本更低、口碑更好的综合服务解决方案。

(四)中国互联网法院广泛应用区块链技术

随着区块链的不断发展和应用,越来越多的司法机构、科技公司正积极探索区块链技术与司法系统的深度融合,这其中的代表有北京互联网法院和杭州互联网法院。

利用区块链技术多方参与、防篡改、可追溯的特点,北京互联网法院于2018年建立了电子证据平台“天平链”，解决了互联网审判当中电子证据的取证难、存证难、认定难“三难”问题。随后，北京互联网法院逐步探索出“一链、两用、三规、四管”的“天平链模式”。“一链”是指一条“天平链”，在司法场景下实现全流程记录、全链路可信、全节点见证。“两用”，指“存证、取证、验证的场景应用”和“智能合约一键执行立案的场景应用”。出台了《北京互联网法院天平链接入与管理规范》等“三规”，并在天平链的节点管理模式中采取许可节点、一级节点、二级节点、应用单位这四个层级进行分级“四管”。

基于上述应用模式，2019年北京互联网法院正式发布了《天平链应用接入技术规范》和《天平链应用接入管理规范》。其中，《天平链应用接入管理规范》规定了接入平台申请接入天平链的具体流程，包括意向申请、正式申请、天平链秘书处受理申请、技术测评、组建评审组、评审、接入许可与公布。《天平链应用接入技术规范》则规定了接入平台申请接入天平链的技术测评要求，即在系统安全性、电子数据合规性、区块链安全性三个方面的基本技术要求，为接入平台接入天平链提供具体的技术指导，也为测评机构的测评提供依据。通过强化顶层设计、完善上链内容标准、扩大联盟链生态等，北京互联网法院逐渐建立了“业务链、管理链、生态链”三链合一的“天平链2.0”新模式，打造出司法体系与国家治理现代化创新实践示范平台。

北京互联网法院天平链标准

BICB-001-2019

天平链应用接入管理规范

2019-12-2 发布　　2019-12-2 实施

北京互联网法院　发布

北京互联网法院天平链标准

BICB-002-2019

天平链应用接入技术规范

2019-12-2 发布　　2019-12-2 实施

北京互联网法院　发布

截至 2020 年年底，“天平链”已完成跨链接入区块链节点 21 个，已完成著作权、互联网金融等 9 类 25 个应用节点数据对接，北京互联网法院受理的 4 万件案件全部上链，上链电子数据超过 6000 万条，跨链存证数据量已达上亿条。

与此同时，杭州互联网法院也在积极开展区块链技术的应用。2019 年 10 月，杭州互联网法院正式上线“区块链智能合约司法应用”，旨在高效处理违约行为，推进诉源治理，再造网络空间诚信。

杭州互联网法院的“区块链智能合约司法应用”，通过打造网络行为“自愿签约→自动履行→履行不能智能立案→智能审判→智能执行”的全流程闭环，设计司法治理机制和纠纷兜底处置助推智能合约的执行效率，高效处理少数违约行为，减少人为因素干预和不可控因素干扰，构建互联网时代下新的契约签署及履行形态，真正实现了网络数据和网络行为的全流程记录、全链路可信、全节点见证、全方位协作。至 2020 年 6 月，杭州互联网法院司法区块链的上链数据总量超过 47.3 亿条，通过司法区块链调取电子证据 3800 多条，相关案件调撤率达到 98%以上。

作为司法区块链的“2.0 版”，“区块链智能合约司法应用”以数字形式定义自动执行合同条款，实现了从生成智能合约、完成实名认证并签约、合同原文及智能合约上传至司法区块链、智能合约自动运行、合约无法执行后转入多元调解流程、纳入信用联合奖惩机制、立案、审判、执行的全流程智能化，形成了集嵌套部署、信用奖惩、多方协同、司法救济于一体的集合化功能体系。

（五）斯坦福大学法学院积极参与法律科技创新研究

斯坦福大学法学院是美国开设法律科技课程及创新项目最多的学校。它不仅拥有以在校学生和校友为主体进行法律科技创新的 Legal Design Lab，也有汇集了学者、律师、企业家和科技人才的法律信息中心 CODEX，是高校进行法律科技创新的先行者。

目前，斯坦福大学法学院在“法律科技”领域开设的课程包括“计算法学”“指数创新、人工智能和法律训练营”“人工智能的历史与哲学”“法律信息科学”“法律技术与信息科学”“计算机与法律”“编程=法律”等。其中，人工智能与法律相关的课程甚至可追溯到 20 世纪 80 年代，早在 1984 年斯坦福大学法学院便开设人工智能与法律的研讨课程。

除此之外，斯坦福大学法学院还积极与司法界、企业界开展合作，为学生提供更加务实的培训课程和实践机会。例如，2019 年学院新开设了一门法律和计算机科学交叉的课程——“算法管理：在监管型国家中的人工智能（Administering by Algorithm：Artificial Intelligence in the Regulatory State）”。这门课程由斯坦福大学法学院教授和加州最高法院大法官共同授课，并邀请了 25 位资深律师、计算机科学家和算法工程师共同探讨政府机构的法律技术研发和应用。

课程的学生来自法律、计算机科学、政治、哲学等多个专业，学生们需要通过团队合作，完成诸如行政机构调研、规范性问题探讨等任务。课程结束后，学生将提交一份报告，探讨行政机构在不同层面该如何应用人工智能技术。该报告将提交到无党派独立机构美国行政会议（Administrative Conference of the United States），并有望影响未来行政机构的政策。

斯坦福法律信息中心 CODEX 是法律科技创新的摇篮。CODEX 中心成立于 2010 年，是一个由斯坦福大学法学院和斯坦福大学计算机科学系联合运营的多学科实验室。CODEX 中心汇集了学者、律师、企业家和科技等各类人才，用以共同探索法律科技未来的发展方向。

CODEX 中心积极开展各类法律科技创新研究。目前，正在执行的研究项目共 30 项，包含了智慧诉讼、计算法学、区块链、文档生成、合规审查等领域。这些研究项目有力地推动了法律科技前沿技术的创新与应用。

CODEX 项目有 9 项，主要包括：Smart Prosecution（智慧诉讼）、Computational Law（计算法学）、Blockchain Group（区块链）、Machine-Generated Legal Documents（文档自动化）、Corpus Legis（法律法规库）等。

CODEX 会员项目有 11 项，主要包括：Statistical SCOTUS Decision Prediction（判决预测）、Computational Linguistics and Effective Legal Drafting（法律文本起草与审查）、Autonomous Intelligent Cyber Entity（自主智能网络实体）、Taking Arbitration Mainstream（在线争议解决）、Legal. io（法律服务协作）等。

校友项目有 10 项，主要包括：Fair Document（文档自动化)、Ravel(法律数据可视化检索)、ArbyX(替代性争议解决)、Hammurabi(法律规则建模)、Court Connected Online Dispute Resolution(在线争议解决)、Computer Assisted Legal Compliance(建筑工程合规审查)等。

(六)全球领先律所创建法律科技行业标准组织 Reynen Court LLC

2018年年底,由英国高伟绅律师事务所、英国富尔德律师事务所、英国年利达律师事务所、美国瑞生律师事务所、美国宝维斯律师事务所、美国伟凯律师事务所等12家全球领先的律师事务所组成了新合作联盟,联合打造新的法律科技组织 Reynen Court LLC,旨在建立行业标准,帮助律师事务所高效、安全地使用复杂的法律科技应用和技术,同时提供律所及客户信息的安全存管解决方案。高伟绅律师事务所的首席信息官保罗·格林伍德(Paul Greenwood)和瑞生律师事务所的首席信息官肯尼斯·沃兹(Kenneth Heaps)担任联盟的联席主席。2019年,Reynen Court LLC 又迎来6家国际大所加盟,这6家律所分别是英国司力达律师事务所、美国达维律师事务所、美国佳利律师事务所、美国德普律师事务所、美国盛信律师事务所和美国威嘉律师事务所。2020年10月,Reynen Court LLC 还获得了450万美元的新一轮融资。

Reynen Court LLC 是一个为律所和应用程序供应商提供对接的服务平台,目前,Reynen Court LLC 正在和一些法律科技应用程序提供商进行洽谈，以通过该平台向律师事务所定制开发并提供这些供应商的产品，首批将提供合同审查、电子取证、合规分析和管理等产品与服务。

同时，Reynen Court LLC 也希望为法律科技应用程序交互和数据管理拟定行业技术标准，该技术标准关注解决两个主要问题：(1)统一的数据接口定义，紧密贴合律所实际需求，由各律所代表把实际的各自律所业务需求在本标准组织中统一定义为业务需求和数据接口，继而法律科技应用程序提供商可遵循一致的数据接口进行应用开发、验证和部署；(2)各法律科技应用程序可在统一的技术标准平台上进行互联互通，避免律所在部署各类应用时将律所内部信息暴露给第三方，解决律所的数据信息安全问题。

由于律师服务在细分领域上有很强的专业性，目前出现的诸多法律科技产品或者法律 AI 产品都是垂直化的，例如 Kira 尽职调查，ROSS 法律研究等，一款法律科技产品往往只能聚焦解决一项或少数几项法律服务，那么对于同一家律师事务所来说，多种律师服务往往需要多种数字化法律科技产品，随着带来的就是这些法律服务产品之间的数据互通和应用协作问题。

因此，与全球通信行业建立通信国际标准的一个类似做法是建立行业标准组织，制定行业标准。用"标准"试图解决垂直化法律科技产品的统一数据接口问题、数据安全问题、互联互通问题等，Reynen Court LLC 的出现预示了法律科技行业可能走向标准化的趋势。当然，在法律科技的标准制定过程中可能还会面临知识产权与标准专利的许可政策、法律科技的标准业务规范与技术规范的制定、法律科技的标准化应用场景等大量的各类实际问题,法律科技的标准化能实现到何种程度,还待在实际发展过程中进行观察验证。

（七）国际法律技术协会 ILTA 推动法律科技应用与创新

伴随法律科技的蓬勃发展,该领域诞生了一些全球性的行业组织。其中,影响力较大的是国际法律技术协会（International Legal Technology Association,ILTA）。国际法律技术协会成立于 20 世纪末,总部位于美国芝加哥。协会成立的初衷是推动新技术在法律行业的应用,并为协会会员提供相关的专业服务。

目前,ILTA 拥有包括律师事务所、企业法务部门、司法机构在内的共 1358 家注册机构,其中律师事务所占绝大多数。协会还拥有 25000 多名会员,包括各领域的专业律师、企业法务、司法精英、IT 专家等(见图 23)。

图 23　ILTA 法律服务机构分布

（图片引用自 ILTA 官方网站）

2020年，尽管新冠疫情肆虐全球，但是国际法律技术协会为推动法律科技产业的发展，以及相关技术、产品和服务在行业内的应用，仍然开展了卓有成效的工作。

1. 加强新兴技术在行业内的应用

为帮助各成员及时了解和应用法律科技的新技术、新产品和新服务，ILTA协会制定了一系列的交流主题和发展计划，并开展了相关的交流研讨、行业调研和技能培训等活动。

(1) 交流研讨

· ILTACON：探讨法律行业的发展趋势和转型策略，以及法律科技对行业转型所起到的推动作用，是ILTA组织的最大规模的年度研讨会，也是法律科技界的盛会，一般为期4～5天。因为受疫情影响，2020年的ILTACON改为线上举办。大会吸引了全球200多家合作伙伴，共2000多名法律服务与法律科技界的专家参加，其中有1000多人是首次参加大会。

· ILTAVATION：探索实用与可行的方法来推动法律组织的变革和创新。具体研讨内容包括创新思维、项目管理、实用工具、成功案例等。

· LegalSEC Summit：主要围绕法律服务中涉及的风险、合规与隐私等方面的问题开展研讨，寻找相应的技术解决方案。

(2) 行业调研

· *ILTA'S 2020 TECHNOLOGY SURVEY*：调研行业内各机构的法律技术实施情况以及未来的实施计划，是ILTA最负盛名的年度技术调查报告。2020年度报告共调查了470家企业和机构,以及近 103,000 名律师。

· *ILTA'S* 2020 *Knowledge Management &Marketing Technology*:调研项目管理、网络通信、CRM 等 IT 产品和工具在律所知识管理和市场营销中的应用情况,并提供相关的实践指导。

· 2020 *Litigation and Practice Support*:调研文档协作、电子取证、机器学习等技术在诉讼服务和实务管理中的应用情况,并探寻相关技术的应用价值和趋势。

2. 推动法律科技产品创新

为加速法律科技产品创新,ILTA 建立了战略商业合作伙伴计划(Strategic Business Partner Program),基于协会庞大的法律服务机构和众多会员,为法律科技厂商提供新技术、新产品的创新和孵化环境。

2020 年 7 月,ILTA 发布了"行业参与者计划"。从 2020 年 7 月 1 日开始,ILTA 将为法律科技人员提供一种与 ILTA 互动的新方式:行业参与者身份。法律科技顾问、法律科技专家或任何个人都可以申请行业参与者身份以获得 ILTA 会员权益。法律服务机构可以在这些行业参与者的指导下,利用 IT 技术和产品开展更丰富的应用实践。

近期,ILTA 宣布已成功邀请全球领先的法律行业解决方案提供商 Intapp 加入战略商业合作伙伴计划。Intapp 在法律、会计和金融等垂直专业服务领域拥有丰富的产品和经验。该公司在全球有 1400 多家客户,包括全球前 100 强律师事务所中的 98 家、全球 8 大会计师事务所中的 5 家等。通过本次合作,Intapp

进一步完善了其法律服务管理套件，包括 Intapp Flow（法律服务工作流）、Intapp Conflicts（尽职调查和利益冲突管理）、Intapp Time（活动自动捕获和工时记录管理）、Intapp Activity Tracker（敏感信息标记与访问监控）等产品。同时，借助自身的专业知识，Intapp 还向协会成员介绍了即将影响法律行业的法律科技产品及技术，并帮助其付诸实践。

3. 积极参与法律科技标准建设

与此同时，国际法律技术协会还积极参与法律科技标准的建设。2019 年 12 月，协会正式加入法律行业标准发展联盟（Standards Advancement for the Legal Industry，SALI），成为其管理成员。此前，SALI 是一个独立的非营利组织，希望为法律服务的购买、出售和交付，创造一个更加透明和有效的市场。为此，SALI 致力于制定高效和专业的标准，以确保法律行业中的所有利益相关者都拥有公平的发展机会。随着 ILTA 的加入，将有助于推动法律科技标准规范的制定和应用。

2020 年 2 月，在 ILTA 的积极参与下，SALI 在纽约举行的法律技术会议上正式发布了法律事务规范标准（Legal Matter Specification Standard）的最终修订稿，并将其命名为 LMSS 1.0。LMSS 1.0 的发布是法律科技标准的一个里程碑，极大地提升了法律数据和技术的互操作性，从而提高法律科技产品的集成和交付效率。LMSS 1.0 定义了一种通用语言规范，以中立的、可扩展的方式描述法律事务，当有技术和产品应用到不同法律事务数据时，LMSS 1.0 为信息交换提供了一个标准格式。

同时，除了定义数据规范外，LMSS 1.0 还针对律师事务所、企业法务、法院和政府机构等不同行业组织、不同角色提供了十多套代码集（API），用于技术人员设计和开发相关的法律科技应用，以实现法律数据的查找、组织和分析。会上，Microsoft 宣布将作为 LMSS 1.0 的第一位用户，开始相关法律产品的研发。

SALI ALLIANCE
STANDARDS ADVANCEMENT FOR THE LEGAL INDUSTRY

Legal Matter Specification Standard (LMSS), Rev. 3

Version Revision 3c
Last Update: 2020-01-30
SALI Matter Specification Committee
Adam L. Stock

© Copyright 2020 Standards Advancement for the Legal Industry Alliance
This work is licensed under a Creative Commons Attribution-NoDerivatives 4.0 International License.

LEGAL MATTER SPECIFICATION STANDARD (LMSS) 1.0 – 2020-01-30 1

二、法律服务创新洞察

洞察一 综合性泛法律服务从"线下"走向"线上"改变传统法律服务的提供方式和产品形态

随着互联网、云计算、人工智能等技术的出现，传统的金融、电信、教育、医疗等行业纷纷开展业务转型，分析和挖掘在业务、运营、IT 方面所面临的最紧迫问题，验证并践行行业中不断产生的新的概念和成果，用以催化新的商业模式和行业生态。类似于其他行业中科技对商业模式、运营管理、业务创新等方面的推动作用和发展过程，法律服务行业也在经历法律科技催化出新的服务业态的过程。

英国在 2007 年通过了《法律服务法》，希望推动法律市场的自由化，革新法律行业组织模式，并引入竞争，促进法律服务的可获得性。但是受商业模式、服务成本、市场环境的限制，标准化、商品化的替代性法律服务发展缓慢。

随着在线法律咨询服务、法律在线电商、法律服务机器人等一大批科技创新平台和服务的发展，这一问题有望得到解决。这些创新的替代性服务使得传统的法律服务不再依赖于特定的律师，而可以以自动化的方式提供；同时，大部分用户可以以更低廉的价格获得一般性的法律服务。例如，诞生于英国的法律机器人 DoNotPay 可以在线上处理涉及消费者权利和劳动争议的 1000 多种法律问题，包括交通罚单的申诉、骚扰电话反制、航班取消赔偿（在 2020 年疫情期间，此类别的服务增加了 30 倍以上）、体育场馆退款（同样在疫情期间，健身连锁店 24 Hour Fitness 申请破产当天超过 1000 位用户通过 DoNotPay 申请取消了订单）。DoNotPay 的服务消除了法律资源不对称的问题，使得人人都可以获得基本的法律服务，实现了更为广泛的司法正义。

并且，在各类服务日益互联网化、数字化的背景下，安全身份认证、智能音视频、数据加密等技术正为替代性法律服务的建设提供技术支持。律师通过音视频通信向当事人提供法律咨询和建议等；当事人经过安全的身份认证和数据加密技术实现证据提交、举证质证，第三方服务平台则利用智能语音识别、类案推送、当事人信用画像等进行纠纷案件管理和裁判，从而提升该类法律服务的体验、便捷性和可获得性。例如，随着电子商务的繁荣，诞生了在线争议解决机制（Online Dispute Resolution，ODR），以解决网络购物合同纠纷、网络购物产品责任纠纷、网络服务合同纠纷等。在 eBay 等电子商务平台，大量买卖纠纷可通过 ODR 服务商 SquareTrade 在线解决。当事人向 SquareTrade 提交事实陈述和证据，从而实现在线处理纠纷，很多纠纷案件将不会进入法院审判阶段。

所有这些都意味着替代性法律服务市场正迎来飞速发展。2021 年，汤森路透发布的《2021 替代性法律服务提供商》报告中就提到，目前替代性法律服务价值近 140 亿美元，近 80%的律师事务所和超过 70%的受访企业法律部门都在使用替代性法律服务。

同时,随着法律服务提供方式的多样化,现有的法律行业格局已被打破,传统的、单一的法律服务形态开始向综合性、泛法律服务模式发展,逐渐产生全新的、多方位、“一揽子”专业服务生态圈。

在技术驱动法律的大背景下,律师在法律服务中的角色也在发送转变,逐步承担起专业顾问和服务整合的角色。律师需要重新审视其工作流程和协作方式,借助分布式的、数字化的服务和共享平台,与会计师、券商、投资人、监管者等各种上下游合作伙伴开展协作,整合并提供与法律相关的复合型服务(如财务审计、资产评估等),建立合作共赢的综合服务生态。例如,著名的盈科律师事务所,在建立全球化法律服务体系的同时,积极布局复合型服务,相继创办了盈科财税、盈科金融、盈科外服等机构,业务范围涵盖法律、税务、投融资等。

随着法律服务的提供方式和产品形态的转变,将进一步促进综合性泛法律服务的发展,催化出具有混业经营性质的下一代法律服务新业态。

洞察二　在使能技术的驱动下替代性法律服务与传统法律服务走向“服务融合”与“生态泛化”

在法律科技使能技术的加持下,新型的法律服务提供商正通过提供低成本、标准化的服务,不断侵入传统法律服务市场。例如,2019 年,“四大”会计师事务所之一的毕马威在法国创办了一家律师事务所 KPMG Avocats,并从法国最大的律所 Fidal 一次性挖走了 144 名律师。之后,毕马威又宣布将在英国推出“法律咨询服务”,为客户提供管理咨询、法律科技、流程外包、风险管理、文档管理和监管合规等泛法律服务。当前,甚至有些替代性法律服务提供商已经瞄准了法律价值链中较为复杂的工作,尝试通过技术手段将其分解为标准化、重复性、可以施行自动化的任务,以进一步扩大替代性法律服务的范围。例如,2020 年,埃森哲基于智能引擎“SynOps”推出了合规服务(Compliance as a Service)。一些大型律师事务所的合伙人也承认,即使是所谓的定制化、专业化的法律服务,其中 30% 至 40% 的工作也可以借助技术工具自动完成。

同时,随着替代性法律服务的不断演进,法律服务产业中原有的服务边界和层级分工正在发生变化。从法律服务的模式上看,传统的法律服务一般被分为三种类型。

· 第一类:底层基础性工作。即大量烦琐的流程性、基于规则类的法律服务,例如索赔处理、诉讼支持、合同管理支持、合规流程支持等。

· 第二类:相较底层更重要的日常工作。通常指产生重大责任的法律事务或运营事项,但这类工作需要较少的专业知识或行业经验,例如风险管理、合规事项、诉讼管理、知识产权等。

· 第三类:顶层高价值、高风险的专业性工作。需要较强的专业知识或行业经验，例如诉讼、重大交易、税务、破产、跨境交易等事务（见图 24）。

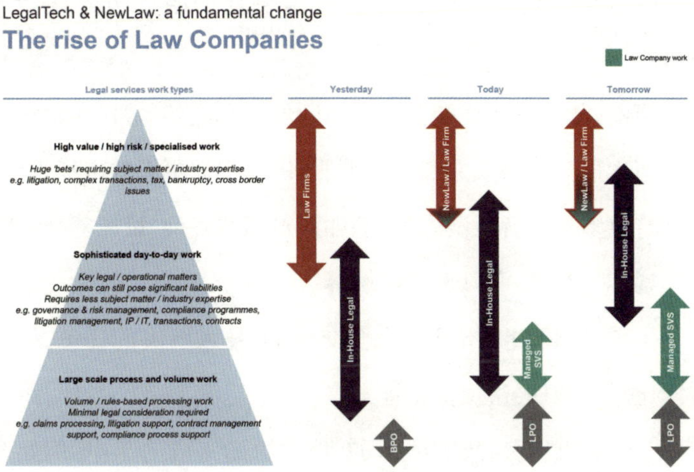

图 24　法律服务机构的服务模式演进

（图片引用自 Investec, *LegalTech & NewLaw: A Fundamental Change*）

以往，企业的法务部门主要完成最底层和中间层的大量事务性工作，其中，一部分事务性工作也会交给商业流程外包（Business Process Outsourcing, BPO）完成。同时，最顶层的具有挑战性、风险性的工作则交由外部律所完成。

如今，随着新兴的法律使能技术的广泛应用，原先的商业流程外包（BPO）逐渐升级成法律流程外包（Legal Process Outsourcing, LPO）或者法律托管服务（Legal Managed Services, LMS），业务范围也从法律服务的底层逐渐延伸到中间层。而法务部门的工作重心上移，开始参与法律服务顶层的战略性事务。同时，行业还出现了具有技术背景的新型法律公司(Law Company),与律师事务所在法律服务的最高层开展竞争与合作。企业法务、律师事务所、替代性法律服务提供商的服务边界逐渐被打破。

当前,随着法律使能技术的不断发展和成熟,替代性法律服务将衍生出数字型服务和工业型服务,并占据更大的市场份额。律师将更多从事智慧型服务,例如面对面的咨询、设计复杂的交易架构、对成文法和判例法的解释。

· 数字型服务:指可以完全交由 IT 技术解决的任务,例如文本比对与整理、法律信息检索等。

· 工业型服务:指需要由 IT 技术协助完成的工作,例如合同生成、电子取证、合规审查等。

并且,借助数字化法律服务平台,替代性法律服务提供商与律师事务所将围绕高价值、高风险、高专业性的法律服务开展广泛合作。例如,一些大型律师事务所可能会成为"法律技术专家",帮助企业法务管理高端、专业的法律事务和技术合作伙伴,并能在复杂的法律环境中基于众多合作伙伴定制解决方案。通过这种方式,律师事务所可以保留对整个案件的控制权,并加强与客户的业务联系。而一些中小型律师事务所则可能会扮演"法律技术顾问"的角色,在企业法务和技术提供商之间担任中介,协助客户找到合适的替代性法律服务以处理标准化、重复性的事务。最终,企业法务、律师事务所、新型法律公司等服务主体的各种职能会不断相互渗透、交织融合，形成融合的法律服务模式和广泛的法律服务生态。

洞察三　数字化法律服务基础设施改变法律服务的组织形态和盈利模式，从“金字塔型”向“火箭型”转变

随着法律科技行业的蓬勃发展，特别是数字化法律服务平台以及各类法律使能技术和产品的涌现，未来法律服务机构的组织架构和盈利模式会持续发生变化。

首先，从法律服务机构的组织架构看，早期，传统律师事务所的人力结构模型属于“金字塔型”，主要包含两个层级，底层是数量庞大的初级律师和律师助理，上层是少量的资深律师，我们称为“金字塔 1.0”。其中，位于金字塔底层的初级律师和律师助理的部分工作非常有可能被技术取代或者被外包出去。当前，随着数字化法律服务平台以及各类替代性法律服务提供商的出现，这种金字塔结构已发生变化，法律服务机构中出现了技术岗位，这些技术专家基于数字化法律服务平台，一方面在优化服务机构的执业协作流程和运营管理模式；另一方面也在推动诸如法律检索、合规审查、诉讼预测等使能技术在服务平台中的集成、创新和应用。同时，在律师队伍中出现了大量的外包服务人员“Outsourcing”，这些法律外包服务人员既有可能是律所内部的非律师人员，也有可能是外部的替代性法律服务供应商。这种新的架构，我们称为“金字塔 2.0”。

当前，法律服务机构的组织架构正逐渐发展为一种类似于“火箭型”的架构。在这种“火箭型”架构中，律师仍然居于核心部分,但律所将同时拥有两大“引擎”:一侧是以技术经理带队、法律科技使能的技术实施力量,另一侧是以项目经理带队、律师助理组成的项目实施力量。随着数字化法律服务平台向基础设施演进,依托新的数字化法律服务基础设施的连接、集成和协同功能,外部服务机构可以对两大“引擎”提供支持与补充。项目管理可以外包给具有技术背景的法律公司(Law Company)或者法律流程外包公司(Legal Process Outsourcing,LPO),技术解决方案则由法律科技公司的“法律工程师”们提供,律师则更专注于解决核心问题,把握“火箭”的方向。基于数字化法律服务基础设施之上的“火箭型”法律组织架构,将会比原有的“金字塔型”架构更高效、更具战斗力(见图 25)。

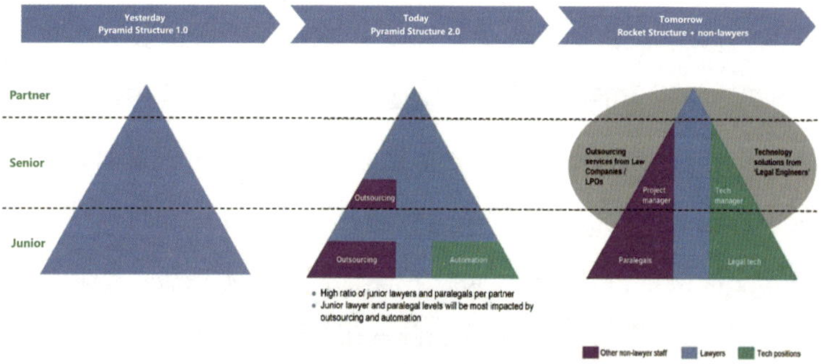

图 25　法律服务机构的组织架构演进

(图片引用自 Investec,*LegalTech &NewLaw:A Fundamental Change*)

其次,随着数字化法律服务基础设施向智能化方向发展,不断推动法律服务机构实现更灵活的盈利模式。利用基础设施中积累的各项数据,新的法律 BSS 系统(Business Support System)

将能帮助服务机构根据以往类似案件的处理情况来更精准地预估一个案件的时间与人力成本，从而选择更合适的定价与计费模式，例如，根据可明确定义和量化的交付成果（甚至是定制的服务）收费，然后在其中增加按时计费的元素。业界也称这种灵活的计费模式为替代性费用安排模式（Alternative Fee Arrangement，AFA）。目前，律所运营系统提供商 Aderant、法律信息服务提供商 Thomson Reuters 正在进行相关系统的研究与应用。以下是几种典型的 AFA 模式。

· 固定费用（Fixed Fee）：提前确定固定的法律服务费用。适合用于大量类似、重复性高且律所较为熟悉的法律业务。

· 固定费用+浮动费用（Fixed Fee+Collar）：在事先确定的服务费用的基础上增加浮动费用。适用于难以预测和有一定风险的法律业务。

· 反向风险代理费用（Reverse Contingent Fee）：根据第三方向律所客户索赔的金额和最终判赔金额差的百分比来定价。适合诉讼标的额大、复杂程度高且客户对诉讼费用保守的案件。

· 成功费用（Success Fee）：根据案件处理的阶段或最终结果收取额外费用。类似于国内的风险代理，适用于风险较高、不确定因素较多的案件。

· 基于绩效的保留费用（Performance-based Hold Back）：客户会保留部分费用的支付（约 15%），然后根据一套业务绩效标准来衡量律所提供的服务，达到相应服务要求才支付这部分费用。这种模式通常与其他计费模式联合使用,适用于律所与客户有一定合作基础的情况(见图 26)。

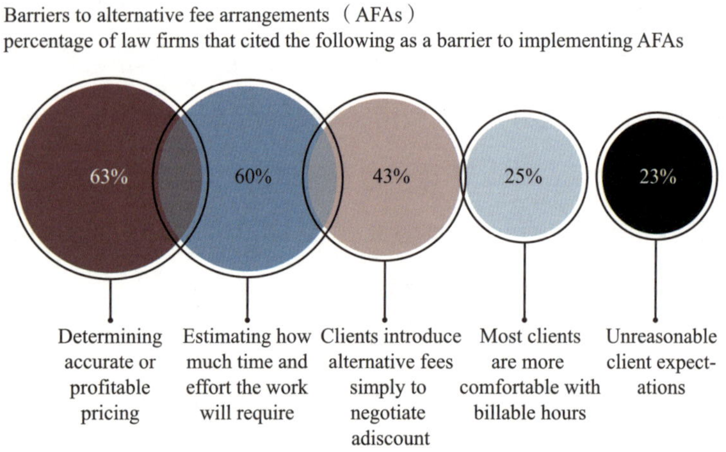

图 26　法律服务机构 AFA 类型分布预测

(图片引用自 Aderant, *BeyondBillable Hours*)

同时,越来越多的法律服务机构也在利用数字化法律服务基础设施及其使能技术,缩短之前花费在法律检索、文件审阅等工作上的 Billable Hour,为机构争取更多的客户,创造更高的收入,以迎接未来盈利模式的转变。例如,2020 年 9 月,英国法律科技公司 ThoughtRiver 的客户调查显示,相比传统的法律文件审阅模式,ThoughtRiver 可以帮助律师减少 95%的法律文件审查时间,节省 80%的人力成本。2021 年 2 月,英国年利达律师事务所推出首个合同自动化产品 CreateiQ。该产品可以从合同文件中提取有价值的结构化数据,从而提升合同审查的效率,最终帮助客户更好地管理风险，作出关键的业务决策。

相信在不久的将来，一种完全以客户为导向的盈利模式将通过法律科技的驱动在法律行业里得到普及。

第五章

科技驱动下的法律服务行业数字化转型

第一节

法律服务与技术创新引领行业数字化转型

一、数字化与数字化转型

2020 年 11 月，中国国家主席习近平在 20 国集团领导人第 15 次峰会第一阶段会议上指出，“我们要为数字经济营造有利发展环境，加强数据安全合作，加强数字基础设施建设，为各国科技企业创造公平竞争环境”。2021 年 4 月，习近平主席在博鳌亚洲论坛 2021 年年会开幕式上又提出，“要抓住新一轮科技革命和产业变革的历史机遇，大力发展数字经济，在人工智能、生物医药、现代能源等领域加强交流合作，使科技创新成果更好造福各国人民”。国务院发展研究中心发布的《传统产业数字化转型的模式与路径》研究报告指出，“数字经济”中的“数字”

根据数字化程度的不同,可以分为三个阶段:信息数字化、业务数字化、数字化转型。数字化不仅能扩展新的经济发展空间,促进经济可持续发展,而且能推动传统产业转型升级,促进整个社会转型发展。

1. 信息数字化

信息数字化指从模拟形式变成数字形式的过程。信息数字化源自信息化。信息化是指建设计算机信息系统,将传统业务中的流程和数据通过信息系统来处理,通过将技术应用于特定资源或流程来提高效率。其核心特征便是信息数字化,即将模拟信息转化成 0 和 1 表示的二进制代码,以便计算机可以传输、存储和处理这类信息。

通过信息数字化,企业可以把一个客户、一件商品、一条业务规则、一段业务处理流程,以数据的形式录入到信息系统中,把物理世界的目标转变成数字世界的结构性文字描述。

2. 业务数字化

业务数字化是指利用数字技术改变商业模式,并提供创造收入和价值的新机会,它是转向数字业务的过程。业务数字化是基于信息化技术所提供的支撑和能力,让业务和技术真正产生交互,改变传统的商业运作模式。本质是对构成业务运营的流程和角色进行数字化,以此创建新的业务设计。

因此,信息化是从业务到数据,而数字化则是从数据再到业务。通过业务数字化,建立技术与业务的对接。

3. 数字化转型

数字化转型与信息化、数字化大相径庭。数字化转型不仅仅是技术转型，它本质上是数字化驱动的战略性业务转型，不仅需要实施信息技术，实现企业全面数字化，营造满足客户个性化需求和期望的体验，还需要牵涉公司的组织变革，包括人员与财务、投入产出、知识与能力、企业文化是否能接受或适应转型。不仅是对业务及其战略进行数字化改造，更是一种思维方式的转型，甚至颠覆。

综上所述，数字化转型是数字经济时代的重要特征，通过重塑要素资源、企业主体、产业体系、商业模式和市场规则，帮助传统行业和传统企业进行价值重构与价值创新。加快传统行业的数字化转型已成为当下商业社会创新发展的重大优先事项和关键举措。

与此同时，受"数字经济"的影响，法律服务行业也在不断开展法律服务的创新，积极探索数字化转型。各类法律服务组织和机构借助一系列法律科技的技术、产品与平台，来实现法律服务的创建、发布、交付和反馈的全生命周期的闭环，进而打通不同角色、不同组织，甚至不同行业间的壁垒，为用户提供数字化、产品化、标准化、定制化的泛法律服务。最终达到创新法律服务商业模式、重构法律服务生态、优化现有竞争格局，构建全新的数字法律服务体系，提高行业整体的运行效率，提升法律服务的品质与体验。

二、法律服务行业数字化转型动因和挑战

1. 法律服务行业数字化转型动因

法律服务行业的数字化转型是多种因素相互作用的结果，前文所述的法律科技的兴起与繁荣，替代性法律服务机构的崛起、渗透与融合，多元化法律服务提供方式和产品形态的出现，以及传统法律服务机构自身组织形态和服务模式的演进都推动着法律服务行业新的转型和变革。

(1)法律科技的兴起促进了法律服务生产力和生产关系发展

法律科技作为重要的生产工具，成为推动法律服务发展的关键因素，大数据、人工智能、区块链、云计算、5G 等创新技术的兴起与繁荣，极大提升了法律服务的生产力水平，引发生产关系的变革。Adobe 与 Econsultancy 联合发布的《2020 年数字化转型趋势报告》也提到，当前数字化的应用领域正从互联网行业向政府、金融、零售、工业、交通、医疗健康、法律等行业深入。数字经济之下，消费互联网向产业互联网发展，法律服务行业将被新兴的法律科技平台和技术重塑，以“四大”会计师事务所为代表的综合性泛法律服务成为新的演变模式。

(2)互联网化、数字化引发传统法律服务供给方式的变化

传统客户对法律服务的获取，主要通过熟人介绍，以“熟人”为信任媒介。而如今，作为在互联网环境下成长起来的新兴群体，包括“80 后”“90 后”，甚至“00 后”，正逐渐成为法律服

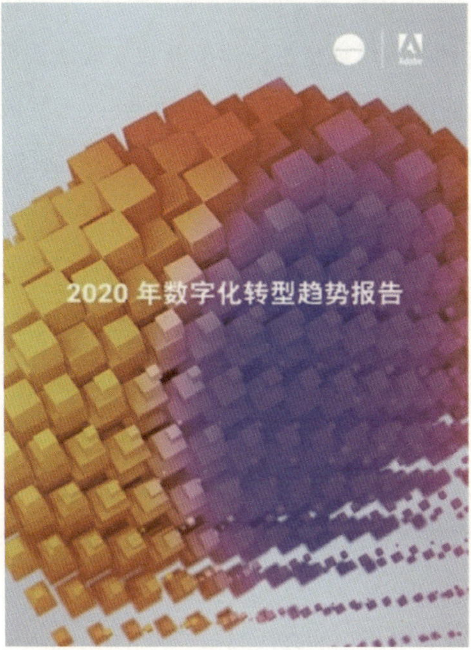

务消费的主体,法律服务提供方式需要适应此类客户群体的消费习惯。一方面此类客户具有互联网消费习惯,乐意通过互联网渠道获取服务与知识;另一方面数字化促进法律服务市场的信息透明度与公开度不断加深,相比传统法律服务渠道与方式,新兴客户的法律服务选择会更加多样、高效与便捷。正如理查德·苏斯金(Richard Susskind)所言,立足于客户需求和市场变化,方能对未来行业格局产生新的思考。

(3)替代性法律服务机构挑战传统律所的客户基础与业务模式

在替代性法律服务机构中,有企图打造"审计+会计+税务+

咨询+法律”多元化高端专业服务集团的四大会计师事务所，“四大”会计师事务所逐步将法律事务独立成法律部门，意在比肩收入最高的国际律所；也有基于大数据、人工智能、区块链等新兴技术为中小企业，甚至为律师事务所提供法律外包服务的法律公司，如 LegalZoom，Rocket Lawyer，Elevate 等，他们正逐步蚕食传统律师事务所的法律业务。这些替代性法律服务机构在法律服务行业的崛起、渗透与融合，将倒逼传统律师事务所利用新技术做出数字化变革，构建新型服务部门/机构，尝试服务模式的跨界创新，以提升服务的综合竞争力，并寻求新的业务增长点。

(4)新兴技术和外部竞合的出现重塑法律服务机构的组织形态

当前法律服务机构的合伙制运营模式、内部协作方式、交接与传承机制、留存与分配机制、组织人才建设等正不断显现出制约其自身发展和变革的一面。而数字化转型的理念和技术为解决这些问题提供了新的方法和思路。为提高法律服务机构内部运作能力，优化资源配置，公司化、一体化、数字化的运营模式被一些服务机构采用。同时，也有一批法律服务机构为提升专业化运营水平，引入“法律运营总监”“法律技术顾问”等职位，为律所进行战略规划、产品创新、数据分析、团队建立和人才培养，帮助律所建立新型的组织架构和平台能力以适配未来转型的需要。例如，美国著名的律师事务所贝克·麦坚时(FTZ)任命了“法律运营教父”大卫·坎布里亚(David Cambria)为律所的全球法律运营总监,负责制定律所的定价策略,管理法律项目和其他商业活动(见图27)。

图27 法律运营参考模型

(图片引用自企业法律运营联盟CLOC官方网站)

综上所述,当下的技术发展、跨界竞争、客户变迁,增加了法律服务行业的复杂性,加速了新的管理模式、业务模式与合作模式的到来。传统法律服务机构既要面临转变自身定位和发展战略的挑战,也要面临着整个行业的数字化趋势的冲击。

2. 法律服务行业数字化转型挑战

(1)信息化建设的基础较为薄弱

信息化是数字化的前提。法律服务行业的信息化主要是指借助计算机技术来实现服务机构内部管理和运营效率的优化。但是数字化转型,则是要再造一个数字化的服务组织,是对法律服务机构业务模式、服务效率、组织架构和运营系统的彻底变革。

从业务层面而言,传统法律服务机构的信息化尚且没有普及,更不用谈数字化转型。一方面,很多中小型法律服务机构因为受业务规模及管理水平的限制,还未实现标准化、流程化管理模式,也就没有动力建设统一的信息化平台。另一方面,一些大中型法律服务机构虽然也具备了信息化的基础,采用了一些信息化管理软件,但是大多数还是停留在规范化各类审批流程、标准化案件/项目管理等范畴,这些虽然是必要的,但是距离提升服务机构的业务发展和战略转型的目标仍有非常大的差距。

从技术层面而言,当前法律服务行业的信息化系统尚处于数字化的初级阶段。这类系统大都采用封闭的技术架构,数据难以共享,缺乏开放与集成框架,并且不具备数据分析和智能决策能力。虽然也引入了流程化、数字化、可视化技术,部分实现了数据驱动的法律服务使能,但是要支撑“敏捷运营、开放协同、生态整合”的数字化目标还需要较长的演进过程,还无法支撑起“服务于律师执业、律所管理和专业服务为一体的数字化、智能化协作和运营平台”的功能定位。

(2)服务模式和作业方式阻碍数字化转型

传统法律服务的生产及交付方式大部分带有单兵作战的特点。据调查,在各类法律服务机构中有超过80%的律师会选择独立执业。他们通常会选择独立接案、独立办案、独立承担风险和收益,并以其经营的人脉圈子和个人声誉为基础拓展客户。

每个律师犹如一座信息孤岛，很多大中型服务机构的律师之间往往缺乏必要的信息交流和分享机制，更谈不上内部资源的整合与服务的协同。因此，在这样的作业模式下即使采用了互联网技术、数字技术、智能技术，短期内也很难实现服务创新和组织升级的转型目标。

以市场拓展和客户管理为例，传统律师事务所通常没有统一的客户服务体系，没有做到客户信息的共享，因而很难借助信息化、数字化技术建立真正的客户关系管理系统（CRM）。

数字化的客户关系管理系统的意义则在于，更准确地描绘客户画像，让法律服务的供需双方实现更精确的匹配，提高客户的忠诚度，从而使得法律服务生态圈的价值最大化。而要实现法律服务的供需匹配，前提是信息的数字化、需求的可视化、沟通的即时化。也就是说，它要解决的正是传统客户关系管理方式的痛点，包括信息的碎片化、需求的隐形化、供需的脱节化，以及由此带来的市场反应慢、沟通成本高、业务滞后、管理无序、黏合度低等。

但是，在大部分律师事务所现行的作业方式下，因为客户资源没有一体化、营销模式没有立体化，律师之间缺少必要的协同和信息共享机制与工具，从而导致客户数据的缺失。律师事务所自然也就拼不出完整的客户画像，更不用说后续对客户需求的整合、分析、挖掘。

（3）管理理念与数字化转型的要求不匹配

首先，绝大多数的法律服务机构目前仍然处于一个规模和业务对外扩张的阶段，还没有进入到对内精细管理的阶段，因此这些机构的管理者们普遍都还不具备数字化战略转型的经营意识和理论高度。

其次，非常多的法律服务机构内部仍然采用松散式的管理模式。比如，传统律师事务所除了提供办公空间、办理年审注册、进行执业监督管理并收取管理费之外，律所和律师之间没有共同的目标，更没有共同愿景、使命和价值观。因此，部分律所缺乏协作创新、专业分工、技术应用和组织优化的意识，缺乏针对未来数字化运营核心理念的统一规划和顶层设计。

再次，随着法律服务机构规模的不断发展和业务量的不断增多，律师团队日益分化增加，法律服务机构“烟囱式”的结构越来越多。很多律师团队都会搭建自己的市场、技术、后勤、知识管理等辅助体系与人员，一些公共性基础能力会出现重复建设的情况，法律服务机构无法形成协同和组合效应，造成人力、物力等成本的巨大浪费。

而数字化转型更加强调组织的内部分工、精细化管理、注重组织战略规划和组织能力建设、建立以客户为中心的分配体系，并且从战略规划、市场品牌、人力资源、信息技术、客户服务、知识管理等各方面配备专业运营人员，强调整个服务体系应该交由运营专家进行综合管理。最终，通过强有力的 IT 运营平台来保障运营理念的落地，来提升组织内部资源配置的效率，提高法律服务机构的整体竞争力。

所以，当前的这种略显陈旧的管理思想和运营理念难以匹配数字化要求，也成为转型过程中的一个障碍。

(4)行业的数字化生态建立尚需时日

法律服务行业的数字化转型还涉及整个行业生态的建立。数字化法律服务生态包括两个方面：内部生态和外部生态。

内部生态指由传统法律服务机构在其内部独立建立的数字化的知识分享和服务协作生态，但是这类生态的建设往往需要一系列 IT 技术和运营组织的支撑，对于松散式管理的律所来说建设成本很大、周期长。通常一体化的法律服务机构的内部生态构建较为迅速，但是规模都不够大，核心原因主要受技术团队和管理半径的限制。

外部生态指与外部服务机构的联合与协同。例如，对于律师事务所常见的事务性工作可以外包给法律公司或者法律流程外包公司；对于从法律服务衍生出的周边服务，例如审计、税务等，也可以联合其他中介机构共同交付；而技术解决方案则可以由法律科技公司提供。这样，律师就可以更专注于解决核心问题。但是目前缺少相关的融合模式与技术手段，导致外部生态的建立较为缓慢。

综上所述，整个法律服务行业的数字化生态还处于早期生长阶段。对于同一类型服务的不同阶段如何分工协作，不同类型的服务如何跨界融合，以及在协作与融合过程中，各类数据、技术和 IT 产品的验证、集成、对接和交付还存在诸多问题。

因此，法律服务行业的数字化转型注定不会一帆风顺。在这个不断试错的过程中，既需要各类服务机构拿出决心和信念，对组织架构、管理体制、业务模式、技术平台等逐步进行战略性的革新；也需要法律科技的持续发展，通过演进出更强大、更灵活的业务平台和使能技术来解决法律服务转型的不同环节、不同场景中存在的痛点和需求。

三、法律服务行业的数字化转型目标

传统法律服务行业的数字化转型，是指利用数字化技术与能力来引领法律服务模式创新，驱动组织体系的变革，从而满足新兴法律服务需求。最终目的还是更好地服务客户，实现法律业务的转型、创新和增长。

因此，法律服务的数字化转型不是目的，而是一种商业途径和运营方法。其商业本质仍是服务客户，实现增长。未来，法律服务行业的数字化转型将表现为法律服务的创新与融合更加依赖法律科技的技术、产品与平台，表现为各类法律服务机构内部组织与协作形式的平台化、一体化、智能化重构。

总的来说，法律服务行业的数字化转型目标可以从四个方面定义：服务体系创新、客户体验提升、组织运营优化和法律科技赋能。

1. 服务体系创新

所谓法律服务产品化，是指通过对客户需求进行分析，对法律服务市场进行细分，通过模块化、流程化、可视化的方式，对律师专业服务进行产品化设计，以顺应法律服务市场的需求及发展。在数字时代,传统的法律服务产品体系也在发生变化,不仅关注服务的专业化、模块化、流程化等能力,还会不断借助开放的技术使能和组织体系,甚至外部生态,为法律服务产品的创新与发展提供支撑,来构建全新的、综合性的数字法律服务商业模式。

以很多律师事务所都非常熟悉的常年法律服务为例。为满足不同行业、不同客户的常法服务需求,常规做法是在产品层面将其拆分出企业设立、治理结构、劳动人事、纠纷处理、知识产权、风险防范等多个专业服务模块、服务流程和法律文本,从而为顾问单位提供标准化、规范化服务。但是,随着服务模式和生态的发展,传统的常年法律服务体系还需要考虑以下几点。

在组织层面,应建立以批量化、标准化的常法托管产品为核心的专业的服务团队,解决常年顾问单位日常法律事务及日常维护需求。常法服务中心专注法律顾问服务,能够有效维持客户黏性,保持客户关系。同时以市场的方式对外推广,加强规模效应,快速有效地开拓市场。

在技术层面,则可以依靠互联网、大数据、人工智能、5G 等技术,构建线上线下一体化、多元化服务提供方式,帮助律师处理常法服务中琐碎的事务性工作,特定情况下甚至还可以辅助律师解决诸如法律文件的审核、企业合规风险的排查等复杂问题,从而提高常法服务的效率,进一步降低服务的成本。

在生态层面,常法服务产品也可以突破单一的法律服务形态，通过整合周边的专业服务，例如审计、税务、评估等，形成综合性、泛法律服务模式，逐渐为顾问单位提供全新的、多方位、“一揽子”的专业服务。

2. 客户体验提升

在当今的互联网、数字时代，法律从业人员需要更加关注客户体验，只有以客户需求为核心，才能为客户提供更优质的服务。因此，未来在法律服务的设计、研发、营销、使用、更新的各个环节，除了关注服务的专业性以外，还必须聚焦客户体验。而借助互联网、大数据、人工智能、5G 等 ICT 技术则可以极大提升法律服务的上线和交付效率，提高客户满意度。比如，全球规模最大的劳动法专业律师事务所 Littler，会根据客户的业务特点和管理需求，联合律师和 IT 团队共同设计与开发专业的数字化的劳动法律服务产品，包括雇用与劳动法律在线数据库、案例智能检索、雇用法律合规审查系统等。这些产品能够在线上自动为客户解决劳动法领域的各类问题，从而增强了服务的便利性与及时性，实现了多元化的服务供给方式，提升了客户的体验。

同时，应该看到任何一个律师团队的服务能力和服务半径都是有限的，往往只能聚焦在某几个专业领域。也就是说，一个律师团队只能满足客户的部分法律服务需求。

而通过数字化转型，整个组织需要建立一体化的客户服务体系，通过客户数据收集、客户信息分析、服务案例推送、服务流程标准、服务动态监督、服务分配合理、服务效果反馈、服务成果宣传、服务品牌评估等,形成对法律服务体验的闭环管理,提高客户黏性。同时,借助一体化客服体系所拥有的统一、高效的洞察、营销、沟通与协作优势,基于对各类客户和案源数据的整合与分析,还可以挖掘出客户的更多潜在的法律服务需求,进而帮助客户更精确地匹配服务产品和律师团队。最终,在打破律师团队的服务半径限制的同时为机构创造了更多的获客场景,实现了对客户需求的快速反应,以及单客价值的最大化。

另外,数字化还可以帮助客户服务体系和律师团队淡化法律服务的本地化属性,突破服务区域的限制。通过线上和线下的融合,服务双方可以建立起跨区域的服务咨询和问题解决的良性循环。

3. 组织运营优化

目前,法律服务机构各专业团队与业务部门之间协调较为困难,形不成专业合力与相互支持体系。因此,法律服务机构需要进行组织和运营能力的优化升级,打造敏捷快速的数字化服务组织架构。

在组织优化方面,明确服务平台与专业团队的定位,比如服务平台做好数据分析、营销指引、知识管理、投标签约等方面,专业团队按照营销指引,开发重点客户群,开展法律产品和业务模式的创新等。在此基础上打造开放创新的中台协作文化,整个组织始终以律师为本,以客户为中心,以客户体验为出发点来进行法律服务创新。

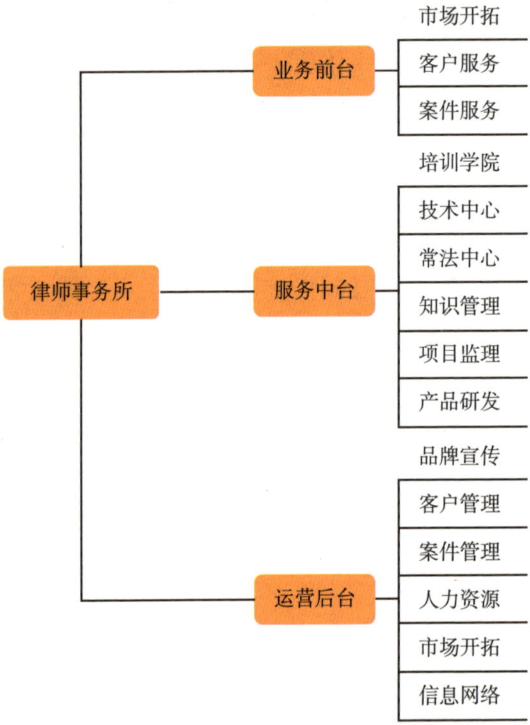

在运营优化方面，首先针对机构运营，通过数字化、人工智能等技术，帮助服务机构对内部资源实现动态掌控、精准分析和有效预测，优化律师团队的配置；其次针对业务管理，通过流程化、可视化技术，可以将法律服务的流程、步骤、动作进行标准化、模块化、组件化的改造。这样，既把握人，也把握事，从而为法律服务带来成本的降低、效率的提升和效果的改善。同时机构还需建立协同机制，通过分布式的协作技术，降低律师团队、业务团队与服务平台三者之间的沟通成本，提升服务灵活性，实现迭代的工作方式。

在人才建设方面，重点打造法律服务平台的数字化人才梯队，打造与数字化转型相一致的人才观和激励约束制度。加快战略规划、市场品牌、人力资源、信息技术、客户服务、知识管理等非法律专业人才的培养和引进，加强与外部运营管理、技术研发团队的协作，最终提升品牌影响力、组织竞争力和团队文化力，从而跟上数字化转型的步伐。

4. 法律科技赋能

法律科技对于法律服务的赋能主要体现在3个方面：知识传承、降本增效、风险防控。

在知识传承方面，法律服务行业具有很强的人身属性，非常依赖于提供服务的律师，这也带来了一些制约性的难题。一是律师成长问题。现阶段青年律师的成长更多还是以律师间的传帮带为主，而不是依靠组织的培训赋能体系，成长慢、效率低。二是业务持续性问题。一旦核心律师离开或断层，就会造成服务能力的断崖式下降，以及客户和业务的流失。

因此，针对这些问题，业界出现了一些基于IT技术来帮助法律从业人员实现知识管理、知识赋能的产品。例如，iManage Knowledge Work Platform通过机器学习和自然语言处理等技术实现专业知识的获取、关联、检索和展现，帮助服务机构记录、分享和学习各类专业法律知识，进而建立起完善的赋能体系，实现律师间执业技能的快速分享和传承，让知识体现数字化的价值。

在降本增效方面，当前律师服务中存在着大量的繁杂的事务性工作，例如在传统的合同审核、尽职调查服务中，律师往往需要投入大量的人力和时间进行法律材料的搜集和整理，周期长、成本高。因此，他们迫切希望能够从这些重复性、事务性的工作中解放出来，将时间和精力投入到智慧性、高价值的工作中来。为此，服务机构纷纷引入法律大数据检索、法律文书审核、法律文档自动化、电子取证、电子签名等 IT 工具和 IT 助手，帮助律师大幅缩短服务交付时间，提高法律服务的效率和质量。

同时，随着法律服务组织和模式的渗透融合，新型的数字化法律服务基础设施将整合各类法律数据、技术和 IT 产品，帮助法律从业人员实现不同服务阶段的分工协作，以及不同类型服务的跨界融合，构建更加高效的综合性法律服务体验。

在风险防控方面，传统的法律服务机构通常面临着市场风险、行业风险、执业责任风险等多方面的挑战，随着法律科技的兴起，越来越多的机构开始尝试引入一系列的 IT 流程和工具，配合风险管理措施和相关制度，搭建起更加高效和智能的风险防控体系。

例如，围绕风险的主动预防，一方面，在律师侧，通过数字化的法律服务平台针对法律服务的立项、利冲、审批、签约、办理、归档、结项等全生命周期实现"一站式"的管理；另一方面，在客户侧，通过建立相对方大数据画像帮助客户加强准入门槛；通过人工智能自动审查合同，提前感知合同履约风险；通过履约提醒防止违约造成资损。

针对服务过程中的合规风险管控，很多机构开始借助专业化的法律服务 IT 产品和工具，来完成法律服务知识树的构建和方法论的总结,以及合规标准的制定和规则的演进,然后再将其固化到法律服务 IT 产品和工具中,来保证服务过程的规范化和标准化。例如,策问公司的“数字化法律尽调 IT 产品”、最高人民法院的“全国企业破产重整案件信息网”等法律科技产品,都是通过预置标准的查验模板和文书模板,为律师提供实践指引和风险提示,从而规避相关的合规风险,并且做到服务的全程留痕。

最后,围绕风险发生后的定位与追溯,服务机构可以基于大数据、人工智能技术建立基础的法律服务数据仓库和知识图谱,支持在出现风险事件时能够快速查询各风险点之间的数据关联关系,进而及时准确地定位和解决问题。例如,全球合同生命周期管理的领导者 Icertis,通过人工智能和预测分析技术,可以帮助客户整合来自销售、采购、法律和人力资源的各类业务数据,实现合同执行过程中的风险预测与问题定位。

第二节 法律服务基础设施支撑数字化转型

为实现“服务体系创新、客户体验提升、组织运营优化和法律科技赋能”的数字化转型目标，行业亟需一种新型的法律服务平台。借助数据化、自动化、智能化等使能技术，该平台将能帮助传统法律服务机构突破现有运营理念、协作方式的限制，改变传统以管控和绩效为主的模式，逐步向以服务律师、服务客户为核心的共生型服务机构的理念演进。

未来，数字化法律服务平台还将进一步演化为数字化法律服务基础设施，进而实时掌握并优化调配分布在不同地区的客户、技术、产品、办公等资源，构建出垂直化的专项服务中心，为不同类型的律师进行专业赋能。在实现统一的服务规范、质量控制与风险防范的同时，服务机构通过新一代的法律服务基础设施还将充分发挥律师的主观能动性和专业协作性，促进各类法律服务的创新，从而为客户提供更加专业化、高体验、复合型的法律服务。

综上所述,数字化法律服务基础设施是指基于数字化 IT 技术与服务能力,解构并重构传统法律服务机构的各运营生产要素,重新定义法律服务机构的商业能力和协作方式,实现集新业务、新组织、新运营和新技术为一体的智能化服务平台。最终,平台将帮助客户加速法律服务模式的创新,驱动组织体系的变革,优化客户服务的体验,打通生态链的各个环节,打造出下一代的数字化法律服务机构。

数字化法律服务基础设施核心能力包括 ICT 技术平台、法律服务能力中心和法律机构运营中心(见图 28)。

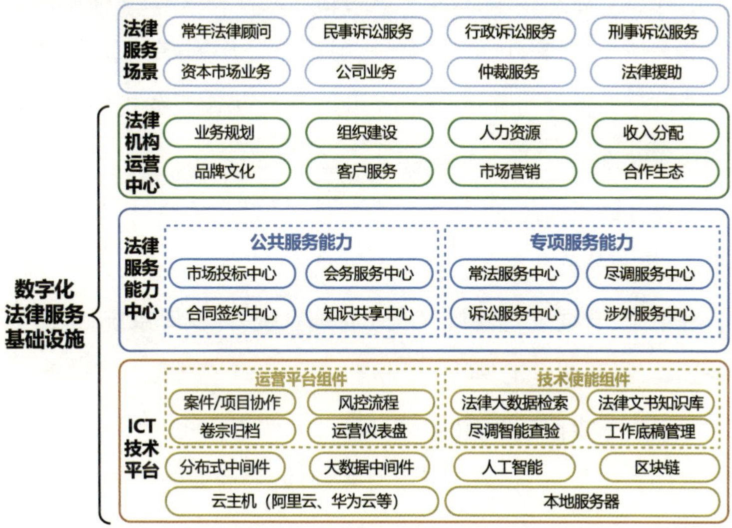

图 28　数字化法律服务基础设施功能架构

(图片引用自策问公司)

一、ICT 技术平台关键特征

在传统法律服务机构进行数字化转型的过程中，ICT 技术是数字化价值创造和价值实现的灵魂。新型的法律服务基础设施对外提供的各类能力和服务，内部均需以数字化的 IT 和 CT 技术来驱动承载，即"数字化法律服务 ICT 平台"是整个数字化法律服务基础设施的底座。它将支撑当前法律服务机构从人工/简单 OA 的低效管理模式走向"运营流程化、业务数据化、客户可视化、组织协同化、执业工具化"的高效运营模式，从而完成下一代法律服务机构的数字化转型。

在数字运营层面，技术平台将通过流程和数据，支撑以法律服务为核心，对案件、底稿、客户、财务和人力资源等服务实体进行全方位的整合与管理，从而优化和规范法律服务机构的运营和协作效率。

在基础服务层面，技术平台将提供投标、签约、会务、知识、常法、尽调等公共服务所需的专业性 IT 系统及工具，例如投标管理系统、合同管理系统、CRM 管理系统、知识库系统、常法服务工具、尽职调查工具等。

在生态协作层面，技术平台将对接、集成和整合第三方的行业软件和业务系统，例如行业财务软件、券商业务系统等，使能律师与合作伙伴的业务协作，支持会计师、券商、评估机构、基金公司等合作伙伴在基础设施上进行开放式的 Social 协作。

因此，基础设施的技术平台将基于 API-Centric、数据驱动的云化架构，同时结合数据+算法技术，实现数据的融合、治理、可视、共享和分析，以数据的自由流动化解复杂系统的不确定性，从而优化资源配置效率，构建数字化法律服务基础设施的新型竞争优势。

综上所述，在技术平台的演化过程中其关键特征有如下四点。

1. 信息技术架构向云化架构迁移

伴随法律服务商业模式不断演进和信息技术的飞速发展，各法律服务产品的客户需求、业务流程、法律逻辑的复杂性逐渐增加，对信息系统的响应要求也越来越高。当前，为应对法律服务不断增加的复杂性，传统 IT 架构解决方案的基本思路是在原有业务系统升级的基础上不断开发新的业务系统，即“系统+系统”模式。但这种模式正面临业务系统“烟囱林立”、复杂臃肿、迭代缓慢、交付低效等挑战，业务系统响应能力线性下降，越来越难以适应法律服务机构日益复杂的商业运营和服务创新需要。

因此，法律服务基础设施的技术平台需要基于开放的云计算架构重新构建。通过构建一整套基于云化架构的软件体系、运维体系和咨询服务，使大量服务数据、产品模型、决策信息能够平台化汇聚与整合、在线化开放与调用，系统之间能够互联互通，从而实现服务机构的管理系统和业务系统的云化迁移、功能重用、快速迭代、敏捷开发、高效交付、按需使用，即“系统之系统”模式。伴随着开放互联的服务云化架构的出现，即使法律服务机构的运营思路和业务模式发生变化，新的技术平台也能通过对原有技术解决方案功能模块的充分调用和集成，来容纳更复杂的服务逻辑和管理流程，实现快速上线，快速响应。

2. 从 IT（信息技术）向 DT（数据技术）转变

传统的律所办公系统（OA）、客户关系管理（CRM）等 IT 系统，都是基于大众化、规模化导向的确定性需求。类似的，当前的法律服务管理平台主要还是关注如何在确定性需求背景下，提高管理效率、降低服务成本。未来，在面对不断变化的客户需求、市场竞争环境时，数字化法律服务基础设施的技术平台需要探索在这些不确定的、个性化、碎片化的场景下如何支持服务创新、流程创新、组织创新。这时候就需要引入 DT 技术，因为其在面对跨部门、跨行业、跨场景、多业务等复杂需求时，能更好地体现和发挥出平台的协同和决策优势（见图 29）。

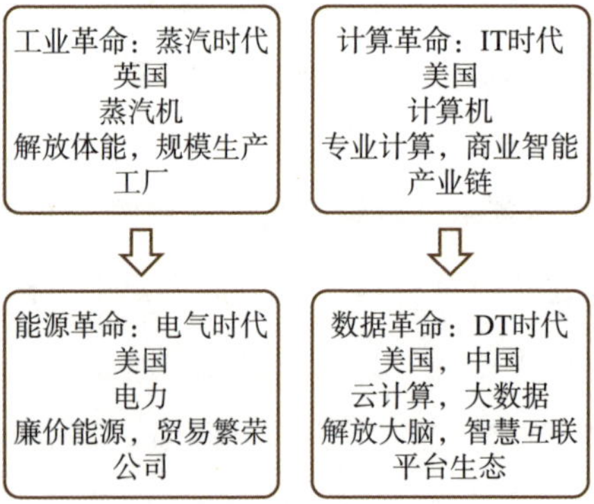

图 29　IT 技术与 DT 技术典型特征

（图片引用自阿里研究院《互联网+从 IT 到 DT》）

DT 技术的核心是软件、数据和算法。软件是一系列按照特定顺序组织的计算机数据和指令的集合,本质是事物运行规律的代码化,作用是构建数据流动的端到端规则体系,包括数据采集、存储、治理、分析、洞察等。在法律服务基础设施中,软件是支撑法律组织高效、有序地运行以及法律服务产品创新的工具和载体。而数据和算法则可以对组织管理和法律服务进行状态描述、根因分析、结果预测、科学决策。"数据+算法"能够将正确的数据(案件详情、专业知识、客户画像等),在正确的时间传递给律师团队、运营专员和 IT 系统,以数据流带动服务机构的业务流、收入流、人才流、客户流,从而支撑法律服务创新决策、提供最佳的运营方案,优化法律服务机构资源的配置效率。

3. 从封闭技术体系走向开放技术体系

当前,法律服务机构的核心理念是以业务为中心,致力于解决服务的成本、风险、质量、效率、交付等问题,与之对应的 IT 技术解决方案关注的是如何提升组织内部的运营和服务效率,因而各种系统和软件被封装组合成了一套封闭的技术体系,从而降低系统构建的难度和成本。

未来,数字化法律服务基础设施将以客户体验为核心,以此构建一套实时感知、响应、服务客户的低耦合、可插拔的技术框架,一套基于云计算、数据中台和智能终端的开放解决方案。例如,基于开放的数据架构,平台可以将内部的律师团队与运营团队、外部的合作伙伴以及客户等的数据进行连接、共享和挖掘,并可以基于 API-Centric 架构实现与第三方系统的互联互通,以便帮助律师针对客户多变的需求快速定制服务解决方案，构建基于全局优化的、以客户运营为核心的开放技术体系。

4. 软件交付方式从技术侧向业务侧转移

传统IT时代，法律服务平台的技术交付方式是软件公司为法律服务机构开发和部署运营所需的即插即用的硬件、软件及解决方案，实现的是信息数据化。未来，下一代的法律服务机构需要的不仅是预置好的硬件、软件、解决方案，还需要一套面向运营创新、服务创新所需的软件定制和技术运营方案，实现的是业务数据化。

以基础设施云化、API-Centric、数据驱动、无代码开发等为代表的新技术群落成为了技术平台构建的基础。这些新的技术群落将带来软件开发流程、逻辑、工具、方法的迁移，以及交付模式的重构。律师甚至可以通过一种完全不需要编写任何代码的方式，定制开发数字化的法律服务产品，包括通过可视化方式定义法律服务的IT流程、逻辑和与之对应的数据结构，设计在线服务的用户交互形式，以及设置服务的访问权限，从而实现法律服务的快速创新和服务机构运营管理的实时优化。

二、法律服务能力中心组成

数字化法律服务基础设施的服务能力中心本质是一个共享式的服务体系，是所有业务团队都需要的系列化公共服务部门。法律服务能力中心是一个遵循标准化、流程化、效能集约化的法律服务商业化运营新模式，其核心在于集聚机构内外的服务资源,提高服务复用和公用的能力,为法律从业人员提供成熟的、低成本的法律支持基础服务。

借助法律服务能力中心,服务机构将形成市场投标中心、合同签约中心、会务服务中心、知识共享中心、常法服务中心等公共服务。服务机构可以将专业知识和品牌文化沉淀于各个中心,并且不断完善服务技能与流程。最终,通过这些专业服务中心为法律从业人员提供投标、签约、客户回访、知识管理、会务、培训等专项支撑服务。

1. 知识共享中心

律师的重要财富就是其沉淀下来的知识与经验。因此,记录、整理、加工各律师专家的执业技能,逐步形成数字化、体系化,并用以培训机构内部的其他律师和员工,就变得十分必要和迫切。

知识共享中心的任务是依托基础设施的知识库 IT 系统来采集、整理、研发和分享知识,结构性梳理优秀律师的执业技巧、策略分析、法律逻辑。在此基础上组织经验分享,设置进阶课程。进而对年轻律师开展培训,增强新人的归属感,便于他们快速融入组织,接受成熟体系的规范,最终提升机构法律服务团队的整体素质与效率。

知识共享中心另一重要的工作,是基于 IT 技术建立起知识兑换体系。首先,中心通过收集和发布整理好的高质量的业务流程、合同模板、案例文本等,让律师们感受到知识赋能的价值;然后,通过知识库系统的积分贡献、荣誉奖励等知识兑换手段,激励律师进行分享，即想获取高价值的专业知识就需要凭借贡献积分来兑换，而贡献积分又来源于律师向知识中心贡献的各种业务文件、案例文件、合同模板等，从而形成知识输出和获取的良性循环。

2. 会务服务中心

律师团队经常会举办各类规模不等的会议，包括大型培训会议、中型经验交流会议、小型客户沟通会议等。所有会议均需要提前预定场地、开展会议宣传、准备会议物品，且会议场地、设备等还需长期维护。

会务服务中心可以借助基础设施的会议管理 IT 系统帮助律师团队实现机构内部或外部会议场地的预定与协调，合理安排会议场地的使用，使会议室资源使用效率最大化；会务服务中心还负责内部会议场地的维护工作，包括会议设备的维护、日常消耗品储备、保持场地卫生清洁等日常工作。同时，会务服务中心还可以安排专人负责会议的宣传、接待和服务工作，包括制作多媒体宣传材料并在网站、公众号、行业组织等不同渠道上发布；提前编写和印刷会议资料并到现场分发给参会人员；在会议期间记录会议的语音、视频等内容，如有必要还可以转换为文字稿审核发表。最终，保证会议的各类后勤服务工作有条不紊地开展。

3. 市场投标中心

市场投标中心通过基础设施的投标管理 IT 系统可以帮助律师收集、维护和审批投标所需的标书模板、服务机构基本资料、证照文件、相似案例、无违规证明等材料。同时，市场投标中心还将安排专人负责与相关人员和组织的对接，例如，协调律协出具无违规证明；针对相似案例，还需获得相关客户授权，并复印各类法律服务合同。

同时，市场投标中心还可以负责标书的制作，包括设计和编辑专业、美观的投标文件及展示 PPT 等，并进行专业化装订。这部分工作事务性较强，繁杂琐碎，但作为开展业务的前提条件，又要求精细化、全面化，且有一定保密性要求。

上述这些工作如果全部交由律师自己完成，费时费力，性价比极低。而市场投标中心则可以以一种更加高效、低成本的方式完成投标前期的准备事项，包括与服务机构内外部门的协调沟通，投标材料的制作与交接，合同的授权与复印等，从而将律师从烦琐的投标事务性工作中解脱出来，聚焦决定投标成功与否的关键环节上。

4. 合同签约中心

首先，合同签约中心通过基础设施的合同管理 IT 系统为律师提供与业务相关的合同模板，并帮助律师在线上完成签章、打印、存档等一系列签约工作。同时签约中心将记录合同执行过程中的关键信息，并在收款、续签等关键时间节点进行提醒，从而实现从合同到服务的闭环管理。

其次，签约中心还可向各律师团队委派“签约专员”，用于协助律师团队开展市场营销及客户回访等工作。签约专员具备良好的协调和沟通能力，能够配合律师团队与行业协会、政府机关、媒体等进行沟通并建立合作关系，以便开拓各类企业法律服务市场。同时，签约专员还可为现有客户解答简单的法律咨询问题，并利用基础设施的数据分析能力对当前法律服务的客户体验进行监督与反馈，以评估法律服务的效果，进而帮助律师对服务进行持续优化与创新。

5. 常法服务中心

常法服务中心指以标准化的常法服务产品为核心的专业服务团队，其优势在于能批量化的解决常年顾问单位日常法律事务及日常维护等问题。常法服务中心以法律顾问服务为纽带，能够有效维持客户粘性，保持客户关系；同时以市场化方式对外推广，具有规模效应，能够快速有效开拓市场。

通过聚集具有多种职业、学科背景且经验丰富的“跨界专家”，以基础设施的智能化常法 IT 平台为辅，常法服务中心还可以为顾问单位提供法律、税务、审计等综合性的泛法律服务。中心内部金融、税务、审计、评估等非律师专家分工明确、各司其职，相关产品实现模块化、数据化、可视化，进而帮助律师专家在提供专业服务的同时，可以根据客户需求灵活组合配套服务，提升客户体验。最终，通过将常法服务托管给中心，可以有效解决律师常年法律顾问服务维护成本过大的问题。

6. 尽职调查中心

在客户拟进行商业计划或交易事项，如重组、并购、IPO 等行为时，需要委托法律服务机构的非诉业务团队对有关方的企业资质、历史沿革、资产和负债、重大合同、关联交易等进行尽职调查，并从法律角度进行分析与判断潜在的法律风险和投资价值。尽职调查期间有关方财务、经营、法律等事项、资料的收集与整理经常占用团队较大的人力和物力资源。

因此，尽职调查中心可以承接其他律师转来的尽职调查业务。首先，对目标企业进行现场调研，主要包括与管理层访谈和审查相关文件。调研过程中可根据重要性原则确定访谈对象，例如高层管理人员、财务、生产、销售、技术、人事、规划等部门负责人。同时实地考察目标企业，以对目标企业生产经营全貌建立感性认识，并进一步实地核实其生产经营现状、资产规模、在建项目等。在现场调研和实地考察过程中，可通过基础设施的尽调 IT 工具进行全程记录，以保证访谈和考察结果的准确性、相关底稿的完备性和翔实性。在现场访谈和实地考察结束后，中心将对目标企业提供的资料以及通过尽调 IT 工具收集的公开信息进行归类、比对和整理，最终根据查验规范出具尽职调查报告。

三、法律机构运营中心价值

数字化法律服务基础设施的法律机构运营中心指通过技术和管理手段，来提升法律服务机构的战略规划和组织建设能力，通过对业务规划、市场品牌、客户服务、人力资源、收入分配等方面的综合性管理，建立高效、创新的服务体系。最终实现“流程管理优化、法律服务创新、密切客户沟通、科技赋能律师”的法律服务机构的数字化运营目标。

法律机构运营中心发展至今，正经历从提高法律服务机构管理效率、降低法律服务成本的流程优化，到加强法律服务机构的组织建设、改善机构经营分工的协作优化，再到促进法律服务产品创新、增强品牌文化和合作生态的服务优化，这一优化演进的过程。

1. 优化业务管理流程

利用数字化法律服务基础设施的运营中心可以协助服务机构更好地管理内部案件，规避风险，实现案件的全景化、全生命周期管理。法律服务机构在业务管理层面的风险控制，第一道防火墙就是“收案”时的利益冲突问题。而数字化法律服务基础设施通过自动化、多维度的利益冲突预检功能，基于对客户工商信息的关联分析，可显著提高利益冲突检索的精准度，从而达到规避风险的目的。而在结案环节，则可以利用 IT 工具实现纸质卷宗的电子化和数字化，从而实现案件底稿一键归档，最终加快案件归档和结案审批的效率。

同时，数字化法律服务基础设施能够有效实现以案件为核心，以案件任务、律师成员、法律文档、工作日志等为辐射网络的一张“案件地图”，从而实现案件全景化以及办案过程的标准化和流程化管理，为律师提供统一的沟通协作平台，从而更好地协助律师把控办案的每个环节，方便律师办案，提高办公效率。

2. 提高综合协作效率

围绕组织层面，传统法律服务机构在创新发展的进程中，将开始尝试从信息数字化向业务数字化的转型，结束过去复杂、低效的手工办公方式,进入高效的数字协同办公时代。在此过程中,依靠数字化法律服务基础设施的技术平台将实现以法律服务为核心,对案件、文档、客户、财务和人力等相关流程与数据的全方位的整合与管理,从而优化和规范法律服务机构的组织协作效率。

围绕律师层面,在案件办理过程中,法律服务机构可以使用技术平台的案件协作系统,将复杂的法律业务层层分解,方便负责人具体跟进,从而有效把控案件进程;在协同服务方面,对于全国布局的法律服务机构来说,数字化法律服务基础设施的技术平台可以帮助其打破时间、地域的限制,使律师随时随地开展协同服务,大大提高了工作效率。

此外,通过在服务、组织、运营等层面的相互协作,律师的业务水平和专业素质在潜移默化中得到提高,最终又促进了法律服务机构整体工作效率的提升。

3. 实现全景化客户管理

数字化法律服务基础设施可以帮助法律服务机构快速构建客户数据库,以便详细记录案件信息和客户数据,从而更好地开展客户维护活动。律师可根据一定标准,对客户进行分级,分级类别可以是生命线客户、重要客户、一般客户、需要评估的客户。基于大数据分析深度洞察客户价值,标注不同客户的重要程度,并依据分级开展相应的维护活动。对此,数字化法律服务基础设施可以通过客户信息采集、客户画像描绘、客户需求分析等技术手段予以支撑。

同时，数字化法律服务基础设施还可以协助律师制定不同客户的个性化营销策略来增强客户关系，更好地在案件过程中对服务质量进行监控，为客户提供更经济、快捷、周到的服务，真正提高了客户满意度，以求最终达到律师服务效益最大化的目的。

4. 促进品牌与文化建设

伴随法律服务行业的不断发展与精进，品牌与文化建设也成为法律服务机构的重中之重。依托数字化法律服务基础设施的运营中心可以帮助机构更准确地把握自身业务特点与优势，通过对服务机构、专业人员、服务板块、新闻中心、专业领域、机构荣誉等不同维度的刻画和宣传，使品牌定位更加清晰，将品牌的自身优势特征与目标客户的需求相统一，使得机构的专业品牌文化、法律服务产品更加贴近客户。

此外，法律机构运营中心借助基础设施的数据分析、服务使能等技术，还可以更加精准地挖掘出机构内部每个律师、每个员工对机构的价值与贡献，在组织、律师、员工中间建立起共同发展的核心理念。通过构筑法律服务机构特色文化，激发机构内部成员的工作热情和积极性，协助律师和员工更好地发现个人对服务机构的价值所在，从而更有力地提高法律服务机构的管理水平，增强成员的向心力，推动服务机构的综合能力和品牌形象发展。

第三节 数字化法律服务基础设施实施方法

目前，法律服务行业的数字化能力建设整体处于初级阶段，绝大部分的法律服务机构尚未摸清如何构建数字化法律服务基础设施使其变得更加高效。拓展营收来源，实现业务增长，真正释放法律服务行业的数字化潜力，并成功将投入转化为经营成果的法律服务机构更是少之又少。

数字化法律服务基础设施绝不是一个网站、一个公众号或者一个办公软件，也不是一个法律服务机构的 IT 部门可完成的。数字化法律服务基础设施关乎法律服务机构的整体转型——高效的协作平台、系统的知识管理、颠覆性的获客渠道、全新的组织机制、崭新的文化理念。因此，数字化法律服务基础设施需通过技术、业务、组织、运营等多个维度来共同构建与实施。

简言之，数字化法律服务基础设施可以通过水平和垂直两个路径来推动：水平路径是指通过基础设施的前、中、后台服务能力的构建，实现法律服务的营销渠道与获客途径的数字化，丰富线上线下多元化的法律服务提供方式，帮助法律服务机构从内外两个方向推动服务创新和收入增长；垂直路径是指通过技术创新、人才建设、组织升级、运营优化等搭建基础设施的垂直化经营能力，以支持机构运营和法律服务的整体协作效率的提升，以及未来泛法律服务生态的建设。

一、数字化法律服务基础设施实施的水平路径

前文提到，数字化转型不是法律服务机构的目的，而是其商业途径和方法。因此，数字化法律服务基础设施的核心价值之一便是帮助律师团队服务好客户，实现收入增长。法律服务机构需要在前台触客、中台服务、后台协作三个方面建立法律服务基础设施的数字化服务体验能力。

1. 前台：建立数字化的客户接触和体验渠道

数字化法律服务基础设施的前台定位于法律服务的客户接触界面，负责帮助律师开拓案源，辅助律师谈案。同时，还可用于丰富律师的服务供给方式，提升法律服务体验，拓展收入来源。

首先，在需求侧，前台需要通过数字化技术，建立数字化营销平台，拓展新型获客渠道。具体来说，前台应该积极尝试公众号、短视频、搜索引擎、法律电商等各类点对点、点对多点的社交生态体系的营销场景，规划和应用平台营销、知识营销、渠道营销等多种获取案源线索的方式，搭建线上线下相互融合、有效对接的案源转化机制，建立与营销决策、营销优化、营销能力相适

应的数字化法律服务场景，并逐步实现起“案源线索—在线咨询—专家谈案—业务承办—成功客户推荐”的营销闭环，从而升级案源获取渠道，提升从线索到案源的转化效率。

其次，在供给侧，前台需要运用产品思维，从客户需求调研出发，将法律服务从单一案件的处理变成针对“同类人群、同类问题、同类场景”的标准化产品解决方案。并且，在法律服务产品标准化的基础上，积极探索线上线下一体化、多元化的法律服务提供方式。通过互联网、云计算、人工智能、5G 等 ICT 技术，并借助中台提供的各类专业服务中心赋能，构建 OMO（Online-Merge-Offline）的法律服务模式，提升法律服务的上线和交付效率，提高客户满意度。例如，将法律服务产品的业务流程、操作指引、参考法规、文书模板、同类案例等数据迁移到线上，为客户提供全天候的数据实时检索、问题智能咨询等服务，在增强法律服务的便利性的同时，也帮助律师拓展了变现渠道。

同时，在服务过程中，前台还可以帮助律师把平常的办案流程、工作进展、办案经验、服务成果等用可视化方式展现给客户，实现了律师作业的“可视化、可追踪、可量化”，让客户获取“看得见、能掌控、算得清”的法律服务。并建立客户体验反馈、服务成果宣传、服务品牌评估等机制，进一步提升法律服务的体验和品牌影响力。

2. 中台：建立共享的法律基础服务体系

数字化法律服务基础设施的中台定位于打造法律服务机构的业务支撑能力，运用技术手段，建立一个可共享、可复用、专业的公共服务体系，进而提高公共服务的标准化、流程化水平，以便为律师分解、承担传统法律服务中的大部分非法律工作、小部分法律专业工作，让律师从繁杂的程序性工作中解放出来，投入法律专研、市场开拓中，从而推动法律服务的创新和发展，提高服务机构的整体竞争力。

在构建共享的法律基础服务体系时，需要同时解决公共服务和数据管理的建设问题，因此需要采用双中台模式同步建设服务中台和数据中台。

服务中台的打造需要从需求出发，即通过解构或重构法律服务机构在业务发展过程中存在的共性问题和关键要素，从律师个人、律师团队或者整个法律服务机构中将公共的、基础的、标准化的能力提取出来，交给专门的团队或者组织负责，各公共团队统一质量标准、统一风控规范、统一品牌出口。常见的公共服务包括市场投标中心、合同签约中心、会务服务中心、知识共享中心、常法服务中心、尽职调查中心等。最终，借助相应的数据化、流程化、自动化的 IT 平台和工具，服务中台实现资源聚合与能力共享，让律师们更专注于法律服务质量，支撑法律服务机构新业务、新领域、新方向的快速突破，满足快速变化的客户需求。

数据中台主要为打通法律服务机构内部各团队、各组织间的数据孤岛，挖掘各类数据的价值，实现数据驱动的服务和管理创新。首先，通过数据采集、数据清理、数据可视化等 IT 技术手段实现前台的法律专项服务数据和客户数据，中台的公共服务数据，以及后台的运营协作数据的加工、融合与共享；然后，通过数据智能化，萃取和共享律师服务中的价值数据，实现智能化的法律服务和协作创新；通过整合业务和管理等多个维度的数据，实现标准化、精细化的运营管理，建立数据驱动的运营体系。

在客户层面，数据中台将各类客户和案源数据进行整合与分析，形成统一的客户数据视图、渠道视图，帮助市场团队和律师团队梳理并挖掘出客户潜在的法律服务需求；通过实时获取业务数据将法律服务过程和效果进行量化和可视化，例如时间关系图、主体关系图、服务流程图、判决解构图等，进一步呈现律师服务的价值。

在服务层面，通过将各个律师的优秀经验数字化并沉淀到系统中，例如操作指引、流程规范、文书模板、经典案例等，形成面向全体律师的知识库，一方面推动法律服务的标准化和规范性，形成独有的法律服务体系，另一方面也为全体律师赋能，提升律师们的专业能力，促进法律服务产品的创新。

在运营层面，通过数据中台沉淀的各类业务和运营数据，包括案件、任务、流程、客户、创收、分配、合同等，还可以让法律服务机构的管理者充分、准确了解服务机构具体业务及运营的现状，发现服务机构的运营风险，高效整合资源，调整完善相应发展策略，实现更有效的管理，增强竞争力。

3. 后台：建立数字化协作和运营平台

数字化法律服务基础设施的后台定位于实时整合并优化调配分布在不同团队、不同部门间的技术、产品、办公等资源，从而最大化服务于每个律师。在实现统一的服务规范、质量控制与风险防范的同时,充分发挥律师的主观能动性和专业协作性,为客户提供高端的、专业化的法律服务。

在运营层面,通过云化的、数字化的 IT 平台,基础设施的后台将承担公共行政管理职责,为律师提供高效的流程审核、品牌建设以及后勤支撑等服务,例如采购、人力、财务等。更为重要的是,平台还需要突破现有运营理念、协作方式的限制,改变传统以线下管控和实地办公为主的模式,逐步向以服务律师、服务客户为核心的云化、弹性的运营理念演进。

在协作层面,随着电子印章、电子合同、电子存证等技术的日趋成熟,网上阅卷、网上会见、网上开庭等越来越多的数字化法律服务模式将成为常态。因此,需要建立 IT 运营平台和专业级法律产品,实现从案源获取、签约、查档、存证、立案、会见到开庭结案等法律服务的各个阶段全面数字化,方便律师、市场人员和运营人员共同完成任务分拆、进度监控、文档协同、知识管理、办案指导、客户维护等工作,从而最大限度地提高法律服务协作的效率。

二、数字化法律服务基础设施实施的垂直路径

1. 构建完备的技术赋能体系

ICT 技术是构建数字化法律服务基础设施的基础。数字化法律服务基础设施对外提供的服务,都需要 IT 技术和 CT 技术来承载。而在 ICT 技术平台的众多支撑场景中,为律师队伍建

立技术赋能体系则是重中之重，具体体现在两个方面。

首先，基础设施中的技术赋能体系可以极大改变传统律师工作模式，从个体化经验积累扩展到团队化知识共享与协作。例如，律师通常会利用自己的专业知识和经验解决客户面临的甚至潜在的法律问题。当服务机构其他成员遇到相似的法律问题的时候，同样的工作需要再重复一遍；又或者律师在为客户服务过程中遇见不擅长的领域的时候，往往无法及时得到其他律师的协助，这极大浪费了律师的时间和团队的资源。而借助技术赋能体系的知识库和专业 IT 工具，律师在每个案件、每个项目中的知识成果、业务成果都会被实时收集、整理、提炼，逐步形成经典案例、文书模板、操作手册甚至是业务指引；同时，系统也将汇总收集外部公开的案例和法规等数据，加工整合之后来充实知识库。最终，这些提炼出的专业知识、专业技能可以在团队成员甚至整个服务机构中分享，提升律师的价值创造能力。

其次，随着低代码开发、无代码开发等技术的发展，技术赋能体系还可以为律师在法律服务的快速创新方面提供帮助。通过无代码平台提供的自定义流程表单、可视化数据报表、自动化机器人 RPA 等功能，再结合大数据检索、文档自动化、电子签名等第三方专业工具，律师可以不需要编写任何代码，只需通过拖拽的方式来把专业知识转化为法律服务 IT 产品。针对客户多变的法律服务需求，律师可以通过可视化方式快速定制法律服务产品的流程、逻辑和与之对应的数据结构，设计法律服务的获取方式和交互形式，并利用表单功能进行产品数据的收集统计，利用数据报表为客户进行服务成果展现和分析,最终加速法律服务的创新,提升服务客户的体验。

2. 打造数字化、复合型人才梯队

为了加强数字化法律服务基础设施的建设,需要加快法律服务机构内部复合型核心人才的培养与人才引进力度,建立与数字化转型相一致的人才观和激励约束制度。为此,需要实施数字化人才队伍打造专项计划,加强与外部团队的合作,积极引进非法律专业人才,培养出"能熟练运用法律科技工具的专业律师和能充分理解法律业务的 IT 专家",从而打破传统法律服务机构人才同质化局面,跟上数字化转型的步伐。

具体来说,互联网技术的兴起改变了传统的法律服务市场,大数据的应用也使得法律服务市场更加透明化。法律服务机构的案件管理、律师管理、客户管理、知识管理等可以充分利用互联网技术将之规范化、标准化。然而,要开发适合当前法律服务机构转型需要的 ICT 技术平台和基础设施,既需要开发者对当前的新技术如人工智能、大数据、区块链等有深入的了解,也需要对法律服务机构的业务和管理有深刻的理解,这对开发者提出了更高的要求。可以说,技术人才的缺乏是导致传统法律服务机构数字化建设推进缓慢的原因之一。

3. 建立敏捷弹性的数字化组织架构

作为数字化法律服务基础设施的重要组成部分,重塑服务机构的组织架构是必要一环。目前,法律服务机构的各专业团队、业务部门之间协调较为困难,形不成专业合力与相互支持体系。一旦组织无法形成专业分工与协同，就会跟不上市场的变化，很可能会被对手赶超。因此，构建敏捷弹性的、可插拔的数字化服务和运营组织架构、标准的协作流程，引进职业经理人，是法律服务机构做大做强的必然选择。

法律服务基础设施的落地十分依赖于敏捷的公共服务团队的建设。因此，机构需要设计一套可灵活插拔的公共服务创建和演化框架，使其随时可以根据客户业务需求和律师服务特点提取可复制的服务能力组建公共服务团队，快速支撑和优化律师团队的法律服务诉求。在此基础上，还需要建立专业化、完备的组织分工与分配制度，明确服务中心与专业团队的定位，例如，服务中心做好数据分析、营销指引、知识管理、策略管理等方面的工作，专业团队按照营销指引，开发重点客户群，开展产品和业务模式的创新等。

同时，为确保公共团队和专业团队之间能够高效协同和弹性适配，组织内部还需明确协作流程，量化工作标准。例如，在标准化流程方面，整个服务体系可以制定《民事诉讼法律服务流程标准》《刑事诉讼法律服务流程标准》《常法顾问服务流程标准》《顾问单位沟通流程标准》等，定义详细的工作流程、工作步骤、任务节点和责任划分，从而管控好不同团队间的服务分工和协作界面。

4. 创造开放的数字协作文化

数字协作文化是法律服务基础设施思想落地的基础，是指导法律服务机构数字化转型和管理重构的行动纲领。数字协作文化是共享文化、合作文化、融合文化。法律服务基础设施为律所带来的核心价值之一是共享服务,从而避免重复“造轮子”。各类公共资源与服务,都能通过提取公因式的方法,将其抽象到法律服务基础设施中,赋能律师、市场、运营等多个组织。

同时,数字协作文化始终强调以客户为本,以律师为本,把客户放在首位,并以客户需求为出发点来进行业务和管理创新。因此,建立以客户体验为中心的协作机制,大力提倡律师间的横向合作与开放原则,将能够打破各部门、各组织之间的壁垒,降低律师团队、公共服务团队、运营团队与律所平台之间的沟通成本,缩短决策流程,实现迭代式的服务创新。

最终,基础设施将通过数字化的案件协作平台、客户关系管理系统(CRM)、法律知识库等 IT 系统来承载和推动服务机构的数字协作文化。

三、数字化法律服务基础设施实施的关键角色

1. 法律科技专家

IT 和 CT 技术是数字化法律服务基础设施的重要支撑。数字化法律服务基础设施对外提供的服务,内部均需以数字化的 ICT 技术来承载。因此,法律科技专家是法律服务机构数字化转型的关键角色,主要负责为基础设施打造和优化各类技术平台,并为律师队伍开展技术赋能。

(1)支撑内部运营流程的优化

通常情况下,法律运营专家会负责运营流程的设计和持续

改进。他们会定期重新审视法律服务机构的每个管理流程、业务流程、协作流程，找到其中低效的环节，研究如何改进以减少人力和其他资源的浪费，从而提升流程运作的效率。而法律科技专家则需要从技术方面提出建议，并通过自研或集成等技术手段实现优化流程的落地。比如，运营专家希望提升合同起草的效率，法律科技专家会考虑引入合同自动生成软件。

(2)法律科技产品的试用与培训

法律科技专家需要考察市场上新出现的法律服务 IT 平台和使能技术，寻找适合法律服务机构业务特色的 IT 产品。并且根据各 IT 产品的特点，明确其适用的法律服务场景。例如，基于强规则(Rule-based)的法律科技产品，比如合同自动生成、问答系统等，准确性一般比较高，律师可以更多地把相关工作交由 IT 产品完成。而对于复杂的合同审查，则需要人机结合的方式以保证审查结果的准确率。在此基础上，法律科技专家还负责为律师们提供法律科技产品的使用培训。

(3)协助客户应用法律科技产品

如果律师在客户的服务项目中使用了法律科技产品，比如用 LawGeex 进行文件审查，法律科技专家则需要负责项目的搭建，需要了解客户文件的内容，借助积累的法律知识，判断如何更有效地用机器提取和分析关键信息。

此外，法律科技专家还需要和客户的 IT 部门对接，解决安全性、可靠性等技术问题。法律科技专家需要澄清客户的 IT 团队提出的安全质疑，通常需要填写客户方提出的一系列安全问卷，证明律师团队使用的软件满足客户的安全标准。

(4)法律科技产品的孵化与应用

法律科技专家与律师可以组成双产品经理模式，共同完成机构内部的法律科技产品的孵化与落地。其中，律师负责将特定的法律服务抽象成领域知识，法律科技专家则负责将领域知识转换为可实现的IT需求和系统设计，进而交由IT团队进行开发，确保后端的IT研发与前端的专业律师对于产品的理解保持一致。

在IT产品应用过程中，法律科技专家还需要基于“敏捷开发(Agile)”模式，收集律师反馈的意见并指导IT团队进行改进，然后再让律师尝试新的版本，不断改进、不断优化、不断循环，最终保证发布的产品能符合律师法律服务的要求。

2. 法律运营专家

法律运营的目的是使法律服务机构借助流程优化、组织升级和科技产品等更好地服务律师，更好地为客户提供法律服务。法律运营包括一整套的服务流程、组织与活动，需要专业人员来负责执行，其中比较关键的角色是法律运营专家。法律运营专家的职能包括战略规划、组织优化、知识管理、项目监控、财务服务等内容，最终帮助法律从业人员更专注于核心法律服务。法律运营专家的价值主要体现在以下五个方面。

(1)组织和流程优化

法律运营专家需要负责法律服务机构的战略发展规划，并在此基础上建立与之相匹配的组织和流程，例如组建公共服务部门,制定案件、项目、风控、收入、协作等运营管理流程。同时法律运营专家还要负责组织和流程的持续改进。运用仪表盘、数据分析等可视化方法,重新审视组织分工和业务流程,找到其中低效的环节并进行优化。

(2)服务资源配置优化

法律运营专家需要对法律服务的案源、律师团队、公共服务团队、法律科技产品等资源进行匹配,从而优化服务效率、质量和价值。例如,法律运营专家需要分析整个机构的法律服务组合,尝试对其进行分解。然后,将部分工作交由内部公共服务中心、IT 团队和法律科技产品,甚至外包给第三方替代性法律服务商或法律流程外包服务商,确保服务机构的人力资源和资金投入始终聚焦在法律服务价值最高的部分。

(3)重大项目监控

对于重大的法律服务项目,法律运营专家需要与律师团队、公共服务团队、第三方外包人员等合作,在服务启动阶段,共同梳理工作任务和优先级,评估项目周期和工作量,规划服务资源和分工界面,最终制订全面可行的项目计划;在服务过程中,法律运营专家还需要掌握阶段任务的详细进展,动态调配律师资源,监控预算和费用执行情况,了解客户的反馈意见,确保任务计划顺利落实,项目风险可管可控。

(4)服务定价和计费管理

法律运营专家需要帮助服务机构制定标准化的委托代理协议、内部服务和资源的使用制度、相关的定价策略和规范。同时,法律运营专家还需要负责上线电子计费系统,用于协调和规范服务机构的外部创收和内部成本管理,包括跨多个律师团队、公共服务团队、办公资源的费用审核;并担任律师团队和财务部门的联络人。根据汤森路透的《律师事务所定价洞察》报告显示,全球100强律所中有超过70%已经雇用了定价官,这是帮助法律服务的买卖双方建立真正合作关系的关键型角色。

(5)法律服务知识管理

为提升服务机构的法律服务的标准化、专业化,给年轻律师进行系统化赋能,法律运营专家需要负责法律服务知识体系的建立(采集、整理、研发、分享等)、培训课程的设计与开发(执业技巧、策略分析、法律逻辑等)、外部顾问的聘用等。同时,法律运营专家还需要制定律师知识分享的激励制度,通过知识管理系统的积分贡献、荣誉奖励等知识兑换手段激励律师进行分享。

四、数字化法律服务基础设施实施策略

业内对待法律服务行业的数字化转型有三种不同的态度:有专家提出“技术决定论”,认为法律服务机构转型不力主要是因为缺乏技术,只要解决数字化技术问题,其他问题就能迎刃而解;有专家认为,转型的关键在于转变商业模式,要突破传统法律服务机构的架构,全面转型为法律服务公司或法律科技公司,从而进入替代性法律服务行业;也有专家认为,转型本身具有破坏性,会造成服务机构绩效下降和人员流失,数字化转型的效果和能力有待观察。

对现阶段的法律服务机构来说,不顾一切地去探索法律服务行业的数字化新机遇的做法并不足取。找到法律服务机构的数字化新动能不等同于抛弃现有法律服务机构的主营业务,追赶热潮搭建各类法律平台。传统的法律服务机构应根据其组织规模和业务特点,采取多层次、分阶段的数字化转型策略,搭建适合自身发展的数字化法律服务平台或基础设施。一方面要“转型”,深度运用数字化技术提高现有服务的收益;另一方面求“增长”,不断增强服务创新能力,创造新业务,占据新市场,以实现法律服务机构的可持续发展。

1. 小型服务机构:技术赋能、降本增效

针对30人以下的小型法律服务机构,由于其还属于规模发展的早期阶段,因此,其法律服务基础设施更多体现出通过IT技术手段降低服务机构的运营成本,提高律师的协作效率。该类法律服务机构的基础设施的建设策略应考虑轻量化、低成本、简单实用。技术上尽可能采用通用的、成熟的IT管理软件和协作工具,快速部署、快速应用;管理上打造小巧灵活的全功能运营和服务支撑组织,以服务律师多打粮食为前提打造简洁高效的管理方式,具体表现为以下方面:

在内部管理方面,可以借助钉钉、企业微信、飞书等标准化OA管理软件,以案件为核心,围绕收案、利冲、用章、结案、归档等关键环节,推动法律服务机构运营管理的流程化、规范化、标准化,降低服务机构的运营风险,简化其日常管理的复杂度,提高管理水平和效率,提升对律师的服务体验。

在团队协作方面，可以借助 Tower、Teambition、腾讯会议等项目管理工具实现法律服务的在线协作，帮助律师团队进行专业化分工与协作，在主办律师、协办律师、律师助理等团队成员间实现任务分配、进程反馈、文档共享、日志管理、在线会议等，使团队内的律师可以随时随地沟通想法、分享经验，最终提升律师团队的生产力水平。

在知识共享方面，可以借助印象笔记、坚果云、百度网盘等云文件管理系统，帮助律师对诉讼或非诉类法律服务的流程、步骤、指引和模板进行分解和记录，进而建立随时可查、体系清晰的专属法律法规、文书模板的数据库，实现知识的归纳、存储和共享。

在数据联动方面，依托钉钉上的宜搭、简道云等数据表单功能，专业律师和运营人员通过简单的配置便可将案件、客户、财务、人员等信息进行收集与整合，进而建立统一的数据模型，实现案件、合同、创收、分配、日志、流程等业务和运营数据的多维度、可视化的统计、分析与展现，从而帮助服务机构管理层管控运营风险，挖掘新的服务领域。

2. 中型服务机构:组织优化、运营升级

针对 30 至 100 人的中型法律服务机构,随着组织规模的扩大,以及法律服务的多样化和专业化,各专业团队与管理部门之间难以形成专业合力与相互协同的矛盾越来越突出。服务机构从原来只关注规范管理、风险管控转而更多关注如何通过组织和运营层面的变革来化解资源最优配置的矛盾,提升律师和服务机构的整体效益。因此,数字化法律服务基础设施更多体现的是其组织优化、管理升级的思想,承载运营思路从以机构为中心向以律师为中心的转变。这时的法律服务基础设施需要用到更具行业特色的 IT 运营平台与使能技术,需要建立更为精细化的运营管理模式和专业的公共服务体系,具体表现为以下两个层次。

首先,中型法律服务机构的数字化法律服务基础设施需要匹配其运营模式和管理思想,建立律师团队、公共服务团队与服务机构之间的新型的生产关系。因此,之前通过购买通用的 OA 软件和 IT 工具并进行简单组装的方式明显不适合中型服务机构的发展。机构需要的是具有行业属性的综合性法律服务管理平台,例如 iCourt Alpha、法蝉、律师 e 通、法立方等。这类专业的法律服务管理软件更了解法律服务机构的需求和痛点，在设计时通常以案件管理为核心，以数据为基础，把案件、律师、客户、公共服务及日常行政管理等信息进行紧密关联，建立跨部门的、相互打通的业务、行政、财务等 IT 流程，所有操作自动流转，各部门间充分协作，整个机构就像一台精密高效的机器。

具体来说，法律服务基础设施通过 IT 系统和管理流程，可以帮助机构把很多在传统管理方式下需要当面处理的工作线上化、数字化，例如审批、签章、卷宗、投标、培训、知识、报销等工作，并通过沉淀各类流程数据，形成案件看板、收入看板、客户看板和人员看板，让管理实现可视化、数据化，让每个团队、每个部门的投入产出可以量化，清晰明了。同时，法律服务基础设施还能将案件、合同、客户、创收、成本、知识等关键要素结合在一起，对日常的法律服务工作中的客户维护、卷宗归档、日程安排、法律文书、知识分享进行有效管理，帮助律师团队间实现在线协同。得益于此，各律师团队间能够彼此协作和资源共享，打破团队和专业领域间的壁垒，更专注、更有创造力地从事法律服务，实现律师服务技能及专业化产品最大价值。

例如，2020 年 4 月，英国的夏礼文律师事务所（HFW）在成功进行了 6 个月的试点后，开始正式推行全球资源管理系统。在新的系统中，夏礼文律所可以根据律师的专业知识和当前工作量，更灵活地为全所律师分配客户事务，而不再采取传统律所将律师绑定特定合伙人的做法。为了促进新制度的实施，夏礼文律所研发了一套新的软件平台，可以实时监测律师的工作情况。这使得律所能够有效地将事务分配给闲置律师，以便更好地利用律所资源。在试点过程中，夏礼文律所发现全所律师的效率提高了7.5%，伦敦律师的效率提高了20%。

其次，为建立一个共享的协同服务体系，数字化法律服务基础设施将集成机构内外的服务资源，建立可复用的公共服务中心，为法律从业人员提供标准化、低成本的法律支撑服务。具体包括根据机构规模和服务特色，通过自研知识库管理、会议预定、合同管理、投标管理等IT工具和系统来建立市场投标中心、合同签约中心、会务服务中心、知识共享中心等运营服务中台，为法律从业人员提供投标材料制作、客户回访、知识培训、会务组织等专项支撑服务。利用第三方法律大数据检索、合同模板库、诉讼案件预测、法律文件审查、电子签名、电子取证等法律使能技术，建立常法服务中心、尽职调查中心等专业服务中台。例如，利用威科先行、北大法宝、法天使、企查查、法大大等使能技术和产品所拥有的、丰富的、海量的高价值法律数据，包括近亿件法规案例、上万份合同库模板、上亿条企业信息，以及智能化的案例学习和分析能力，可以为专业服务组织快速赋能，从而帮助律师提供最佳的服务体验，并降低服务的成本。

以诉讼案件为例，服务机构可以将谈判、报价、庭前准备、出庭、结案、卷宗归档等环节中的标准化工作提取出来，例如谈判与报价文稿的撰写、案件事实整理、法律法规检索、可视化表达、案件复盘等，将其交由专业服务中台来完成，从而帮助律师从繁杂的程序性事务中抽身，把时间花在庭审策略的制定等智慧性工作中。

并且,为配合协同服务体系的建立,基础设施还会设计个性化的激励规则以及公开透明的分配流程,包括案源奖励、服务提成、协作提成、知识贡献奖励等,并将其 IT 化、数字化,将法律服务机构内部的个体与团队、法律业务与公共服务的价值打通,为服务机构的整体管理及业务协同提效。

3. 大型服务机构:服务创新、生态融合

针对百人以上的大型法律服务机构,他们通常已经利用 IT 技术完成了规模化、专业化发展所需的协作效率提升和管理架构优化,实现了运营模式、组织架构、机构决策和领导力的重塑。这类服务机构开始将变革引向纵深——产品和服务的创新,服务生态的融合。该类法律服务机构的运营思路体现为从以律师为中心向以客户为中心的转变,主要表现为通过应用新一代数字化技术,围绕客户体验,升级服务机构的连接能力、创新能力和整合能力。连接能力包括服务机构与外部客户的连接、与合作伙伴的连接。创新能力指法律服务产品的创新、商业模式的创新。而产品、服务与商业模式的创新,离不开数字化技术的加持,离不开法律服务机构内外资源与生态的整合,以及将之转化为创新型法律产品和服务的能力。

"服务创新、生态融合"的本质还是在于法律服务机构的业务增长。业务增长包括营收增长与效率提升。营收增长包括新客户的获取、新渠道的开发、新定价的实现与新模式的转型;效率提升包括内外部整合效率、资源利用效率和决策敏捷性提升。

法律服务机构数字化转型的落脚点在业务增长，而业务增长是判断法律服务机构转型成功的最终标准。

因此，现有的专业法律机构管理软件很难完全满足大型服务机构“服务创新、生态融合”的转型要求。大型服务机构通常会自建IT团队，采用深度定制、贴身服务的方式来设计开发与其目标相匹配的数字化、智能化的法律服务操作系统，将法律服务与人工智能、大数据、区块链等新技术充分融合，助力其完成法律服务基础设施的技术平台、服务中心、运营中心的搭建。

在服务创新方面，法律服务机构纷纷尝试引入新一代的IT技术，包括云计算、人工智能、低代码开发、区块链等，在客户的信任建立机制、沟通互动方式、签约与支付、服务或产品的交付等方面推动互联网化、数字化、智能化，实现法律服务的个性化产品设计、数字化营销、数字化供给，在客户界面提升法律服务的深度与广度。

首先，法律服务机构正在改变单一的营销与获客方式，建立线上线下融合的立体化营销模式和解决方案，实现对客户的点、线、面多点触达，最终将更多的客户沉淀下来，转换为服务对象。营销的自动化、陌生化、批量化，是互联网在线营销的关键特征，因此，依托社交媒体、短视频、搜索引擎等平台，新型法律服务营销解决方案应该包括电子邮件推送、社交媒体分享、线上视频培训、客户生命周期管理、合作渠道内容分享、法律电商平台建立等方式，甚至还要借助大数据与人工智能等技术，实现在线智能咨询、舆情监控、搜索优化等工作。

例如，利用抖音、腾讯视频号、微信公众号、今日头条等平台，律师可以举行各类在线讲座、培训、互动活动，形成对客户的长期触达，面向行业内外传递法律服务机构和律师的专业品牌。在新冠疫情期间，国内的浙江泰杭互联网律所就尝试为市民开通了远程视频免费法律咨询、远程视频法律专家研讨会，使得市民们足不出户即可在线进行法律咨询、签约委托律师、网上立案、查询案件进展等服务，从而提高了律所的获客效率和服务体验。

同时，大型法律服务机构也在积极运用互联网、大数据、人工智能等技术，结合律师团队和 IT 团队的经验、知识和专业技能，开展线上线下融合的法律服务产品创新，为客户提供更加及时、全面、优质、高效的法律服务。新型法律服务的模式也多种多样，包括在线的法律法规数据库、在线法律咨询机器人、合同生命周期管理等，甚至还有为企业的法务部门提供数字化转型的咨询服务。

例如，英国年利达律师事务所的技术平台 Nakhoda 通过抽象和总结律师团队的服务经验和领域知识，在 2021 年 2 月推出了合同自动化产品 CreateiQ。该产品可以从原始的合同文件中获取有价值的结构化数据，并在一个加密且安全的环境中对合同进行谈判、审批、签署、合规等管理，帮助客户更好地管理合同风险，作出关键的业务决策。目前，已有近 30 家世界 500 强公司，以及全球资产规模最大的 10 家银行中的 8 家使用了 CreateiQ 产品。

而英国密许康德雷亚律师事务所则是在2020年10月成立了一个名为MDRxTECH的技术咨询小组，为客户提供法律数字化转型方案、法律信息系统集成和工程交付等服务。此举标志着律师事务所开始拓展法律科技咨询领域，帮助客户采用最新的技术和产品，来解决法律问题。目前，英国排名前30的律师事务所已经纷纷发展各自的法律科技咨询服务。

在生态融合方面，在替代性法律服务颠覆传统法律服务的大背景下，一些大型的法律服务机构也在重新审视其商业模式和业务形态，尝试借助法律服务基础设施的服务共享平台，与会计师、券商、投资人、监管机构等各类合作伙伴开展协作，整合并提供与法律相关的复合型服务（如财务审计、资产评估等），建立合作共赢的综合服务生态。例如，美国欧华律师事务所（DLA Piper）从安永（EY）、毕马威（KPMG）等“四大”会计师事务所中吸纳了大量非律师出身的税务专家，包括转让定价专家、国际税务专家等，随后推出了税务筹划与咨询、税务法律合规、争议解决等涉税法律服务。

同时，随着互联网法院、在线纠纷调解、区块链存证等司法信息化建设的快速推进，法律服务机构在公检法和司法行政机关的扶持下，也在积极尝试融入数字化司法生态链的上下游，推进司法治理与法律服务的协同效应，促进社会的公平正义。具体包括法律服务机构与互联网法院的系统对接和数据共享，支撑在线法院的相关法律服务及产品的研发和应用，互联网法律服务的产业化融合等，从而构建法律服务行业的新业态。

例如,2020 年 5 月,由成都市中级人民法院和成都市司法局牵头,成都市律师协会和部分具备条件的律师事务所,例如北京德恒(成都)律师事务所,试点建立了"5G 智慧参审室"。与以往远程互联网庭审不同的是,诉讼代理人既不在法庭也不在公共场所,而是通过身份认证,就近在律师事务所的"5G 智慧参审室"参加在线庭审活动。"5G 智慧参审室"实现了当事人就近诉讼的目的,降低了当事人的诉讼成本,有助于在线庭审的安全、严肃、顺利、有序。

在法律服务行业内部,面对市场上充斥着的大量法律科技产品和服务,众多法律服务机构也面临着难以正确使用与整合的挑战。因此,需要有 IT 经验和资源的法律服务机构建立一个公共的法律科技产品验证和应用平台,并通过技术手段帮助服务机构建立连接,最终在行业内部建立一个新技术应用与协作的生态。

例如,2020 年 5 月,英国金马伦麦坚拿律师事务所(CMS)、美国科律律师事务所(Cooley)以及新加坡立杰律师事务所(Rajah & Tann Asia)3 家国际律所与来自大型企业的 16 名资深法务联合推出了大规模法律协作平台 Lupl。该平台支持对法律科技产品的技术验证和集成,并在此基础上实现律师事务所与企业法务部门的多角色协作。双方协作过程中涉及的法律事务的所有内容,包括人员、文档、数据、通信、技术和应用,都可在该平台上集中处理,从而使律师和法务部门能够以更高效的方式共同处理复杂且高风险的法律事务。

第六章

法律科技领域发展趋势预测

趋势一

法律大数据技术应用日趋成熟，并将对法律从业人员的执业行为和法律争议的解决产生积极影响

由于法律行业存在众多法律法规、案例、裁判文书等数据，且多以结构化、半结构化数据为主，符合 Volume（海量）、Variety（多样）、Value（高价值）、Velocity（高速）的特征，因此非常适合利用大数据技术来进行法律数据的提取、存储、检索、共享、分析和处理，从而帮助公检法司、律师、企业等用户提升检索效率，并进一步挖掘法律数据背后的价值。

当前，大数据技术在法律领域的应用日趋成熟，已经出现了诸如针对案例、法规、律师、企业等信息进行检索、分析和评估的技术与服务。

例如，借助法律数据搜索引擎，法律人可以整合案例、法规、公司、机构、法官及法院信息等各类数据，实现法律问题的精准

检索与数据关联。当事人也可以通过对律所、律师的检索，评估代理律师和机构的执业水平，解决在挑选代理律师时信息不对称的难题。

同时，相对于传统的法律信息的汇总、整理和检索，法律大数据更为核心的作用还在于可以帮助法律人对法律问题进行科学合理地预测。经过对海量的法律数据分析，可以形成对特定法律问题的裁判预测，进行同案类推，甚至对案件时长、难度、证据要求、胜诉概率、赔偿数额、量刑长短进行预判。

2016 年，研究人员利用欧洲人权法院公开的判决书构建预测模型用于预测案件判决结果，预测准确性达到了 79%。通过案件预测，首先，可以帮助法官实现同案同判，通过大数据司法确保公平正义；其次，律师通过分析不同情形下法官/法院的判案倾向，评估案件结果、制定诉讼策略；再次，由于提前预知案件结果，当事人可以选择最佳的诉讼策略，例如，放弃冒着败诉风险继续推进诉讼或者上诉，而选择和解、放弃诉讼等其他纠纷解决方式；最终，法律大数据技术将对法律从业人员的执业行为和法律纠纷的解决产生广泛影响。

趋势二

人工智能技术将驱动法律行业产生新的变革，但对法律人而言更多表现为“使能”而非“替代”

法律行业由于拥有较高的专业知识门槛，因此相对金融、安防、物流、零售等行业而言，人工智能技术在法律行业的应用还比较薄弱，法律行业人工智能企业的数量也相对较少。由于法律行业的知识体系较为繁杂严谨，且存在大量非标准化事务，导致当前的知识图谱、机器学习等技术还难以准确地进行法律知识表达、规则引擎建模、法律知识理解等。因此，人工智能在法律行业的应用面临诸多挑战，仍然需要漫长的发展过程。

在人工智能和法律融合的过程中尽管存在困难和挑战，但是已经有法律科技公司在自动问答、合同审核、尽职调查等领域取得了突破。在传统的合同审核、尽职调查等服务中，律所往往需要投入大量的人力和时间进行法律材料的搜集和整理，周期长、成本高。但随着自然语言处理、神经网络、机器学习、知识图谱等人工智能技术的不断成熟，部分重复性、事务性的工作将逐渐被人工智能系统取代，从而大幅提高法律服务的效率。同时，系统可通过持续的自学习和数据迭代，不断提升基础法律服务的质量（见图30）。

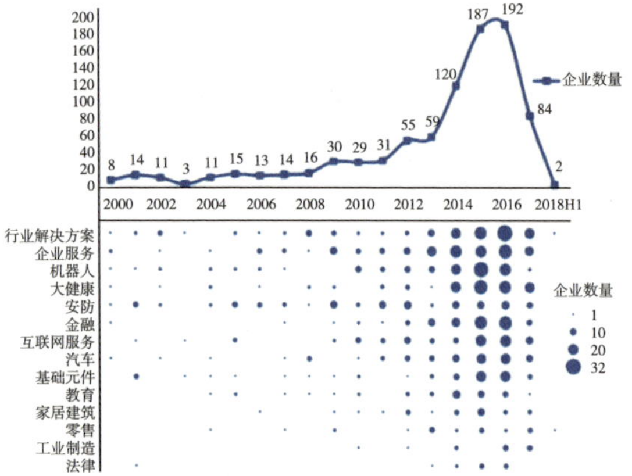

（a）亿欧智库：中国人工智能企业诞生历程与行业分布

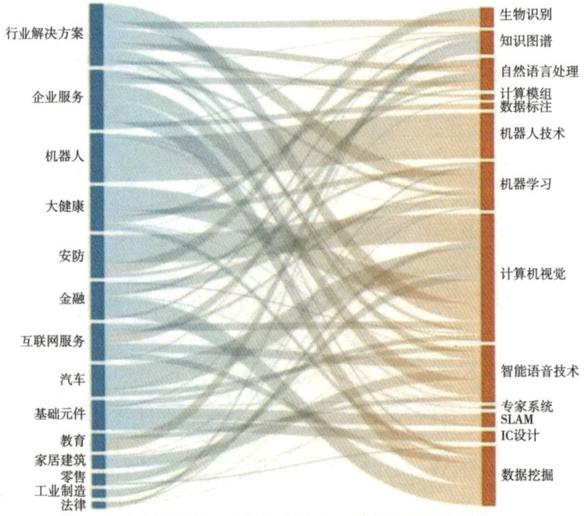

（b）亿欧智库：中国各行业人工智能技术颁布情况

图30　中国人工智能行业和技术分布

（图片引用自亿欧智库《2018中国人工智能投资市场研究报告》）

例如，以色列公司 LawGeex 推出的合同审查工具，通过对目标合同的分析比较，可以自动指出合同中缺失或可能存在问题的条款，并给出改进建议。该工具可以为用户节省大量的合同审查时间。加拿大公司 ROSS 基于 IBM Watson 开发了智能法律助手，能够理解用户用自然语言提出的法律问题，并能迅速检索法律文档数据库，推理并匹配答案，目前已用于 Dentons、Womble Carlyle 等律所。

近两年，人们对“法律+人工智能”的热情和期望越来越高。德勤甚至预测未来 20 年法律行业可能将有约 11.4 万个岗位被自动化替代，有 39% 的岗位是可能被裁员的“高危”岗位。但是，正如知名人工智能专家卡普兰在其著作《人工智能时代》所说，“大部分工作将发生转变而非消失”。在许多法律服务中，例如合同审核，简单重复的审阅文件、生成文件、查阅案卷等工作，是可以利用人工智能代替律师完成的，但对于其他复杂的、需要多方沟通与协作、多领域结合的法律服务，仍然离不开律师的智力劳动，对于机器初步审核的意见，仍然需要由人类律师或法务去复核、修改及完善。因此，在可预见的将来，人工智能对法律人而言更多表现为“使能”而非“替代”，完全依赖人工智能完成法律服务是不现实的，法律人依然是法律服务中的主体和不可或缺的部分。

趋势三

区块链等使能技术在公司领域的应用走向深入，将有力提升数字社会的治理能力，保障司法公平和程序正义

法律科技的出现给司法领域带来一场数字化、自动化、智能化变革，科技重塑法律已然成为这个时代最重大的命题之一。近年来，法律科技在司法领域的探索与应用将主要集中在区块链和人工智能两类法律科技使能技术。

在区块链使能应用方面，国内外的司法机构则主要围绕区块链存证和智能合约两类场景开展尝试。首先，针对区块链存证类应用，国内各司法机构正在积极建设区块链存证平台。例如，最高人民法院已建设成“人民法院司法区块链统一平台”，完成超过 1.94 亿条数据上链存证固证。北京互联网法院推出了“天平链”、广州互联网法院推动建立了“网通法链”等。通过基于区块链技术的存证平台，未来司法系统能够有效解决取证

难、认定难等问题，减少法官在证据真实性上判断的时间，节约庭审举证、质证的时间和成本，促进诉讼高质高效完成。

其次，针对区块链智能合约类应用，司法系统希望利用智能合约的“基于预定事件或时间触发、不可篡改、自动执行”等特点，推动诉源治理，从源头化解纠纷和实现网络空间信用再造。例如，北京互联网法院将区块链智能合约技术嵌入到调解案件中，成功实现全国首例调解协议的自动执行立案，随着该项技术的应用落地，将实现链上数据与链下司法信息系统的深度融合，创造新型的互联网司法模式。在国外，日本东京大学和加拿大不列颠哥伦比亚大学共同研究了一种使用区块链解决法律纠纷的机制，并基于这种机制开发出了“数字法院”系统。该“数字法院”可以帮助司法人员自动识别和处罚在任何商业活动中违背法律义务的当事人。协议一方可以将另一方涉嫌违反协议的行为发布到法院。“数字法院”根据算法汇总并分析当事人违反协议的行为和陪审人员的意见，如果判定当事人违反了协议，则通过扣留其在协议初始时提交的保证金来进行处罚。该系统将建立一种自治的司法治理模式，从而进一步提高社会契约的执行效率。

在人工智能使能应用方面，国内外的司法机构正积极利用人工智能技术开发各类智能化审判辅助系统、智能化法律咨询服务，实现案件繁简甄别分流、证据自动分类、判决书自动生成、法条及类案精准推送、案件结果预测、裁判风险偏离度预警、法律信息智能检索、法律问题自动解答等功能。例如，中国广州互联网法院依托人脸识别、自然语言处理等智能技术，推出新一代、多功能、一体化的智慧司法便民设施——“E 法亭”，提供自助存证、自助立案、在线调解、智慧庭审等六大服务。中国北京互联网法院借助语音和形象智能合成技术，发布了全球首个 AI 虚拟法官，通过智能识别与分析技术，对当事人的提问进行关键词读取定位，并进行有针对性的解答。这些将为当事人提供一种浸入式诉讼指引和在线智慧诉讼服务。同时，美国旧金山地区检查处正在研发一种“消除种族偏见的工具”。该工具基于人工智能技术，可以在警官的事件报告到达检察官办公室之前，对报告中任何有特定种族的信息进行编辑，以防止检察官在决定是否指控某人犯罪时受到种族偏见的影响。这些都将进一步保障司法治理的便捷性和公正性。

综上所述，以区块链、人工智能为代表的法律科技创新正在承担起法律系统革新、正义理念重塑的使命。随着这些新兴的法律科技使能技术在司法领域的广泛应用与深度融合，将会对电子诉讼、智慧庭审、在线纠纷解决等现代法治模式产生深远影响，不仅能实现司法程序的繁简分流，而且还能实现纠纷的在线化、自动化与智能化的预防与解决。最终，法律科技将推动数字社会的治理能力与治理规则的全面提升。数字法治与数字正义的美好愿景即将到来。

趋势四

数字化法律服务基础设施推动法律服务机构向共生型组织发展

传统的法律服务机构的经营模式主要以合伙制为主，其本质是一种以个体能力为核心要素的人合组织。合伙人的投入是“专业知识”，合伙人的分配主要基于其劳务投入和收入贡献，分配比例由法律服务机构依据事先设定的议事规则，根据合伙人对服务机构所做的贡献进行评价。

在合伙制模式下，法律服务机构主要提供办公空间、办理年审注册、进行执业培训和监督管理、开展市场和品牌宣传，而律师往往选择独立接案、独立办案、独立承担风险和收益，并以其经营的人脉圈子和个人声誉为基础开拓市场。这种以个体作业为主，团队协作为辅的服务模式，其优势是服务灵活、响应速度快，个人价值能够得到充分彰显，个人努力能够得到实时激励；其劣势是缺乏组织支撑和专业分工，过度依赖个人能力发挥，难以实现规模化和可持续化发展。

同时,在传统的合伙制管理过程中,法律服务机构和律师之间往往缺乏共同的愿景、使命和价值观。这也造成法律服务机构难以形成有效的人才稳定机制。很多优秀的法律服务机构在人才培养方面投入了巨大的精力和成本,包括招聘、实习、培训等,但仍然无法解决人才流失率高的问题。这对法律服务机构和律师来说是双输的局面,也是法律服务机构发展停滞不前、律师执业发展缓慢的根本原因。

为解决这些问题,部分合伙制的法律服务机构开始尝试借鉴公司化的管理思想和技术手段,实现规模化、专业化发展。他们通过引入各类能增强协作的法律科技平台与技术、加强组织内部分工与精细化管理、布局组织战略规划和组织能力建设、建立与股份制类似的计点制分配模式等类公司化管理手段,借此提高法律服务机构的整体竞争力。

在法律服务机构从合伙制向公司制转变的过程中,机构的组织形态和分配机制发生了显著的变化,例如法律服务机构的律师队伍从金字塔型架构向火箭型架构转变,律师的绩效评价机制与新的分配机制的建立,机构内部运营管理专业组织的构建和专业人才的引进等。通过这些专业化、精细化的管理,法律服务机构的品牌影响力、组织竞争力和团队文化力得到有效提升。

但是,随着类公司化改革的深入,由于组织能力的强大弱化了对组织中“人”的作用,律师与法律服务机构之间逐渐产生了新的问题。很多律师感觉对组织的依赖性越来越强，其自身职业发展越来越受限于公司化科层结构和分配制度，越来越难以适应类公司化管理模式，因此在执业一段时间后往往选择回到合伙制管理模式。缺乏制度文化的认同和对律师的赋能创新，是当前公司制法律服务机构面临的最大挑战。

当前，随着法律科技行业的蓬勃发展，特别是数字化的法律服务基础设施的出现和演进，法律服务机构的管理者们将有机会找到一条能融合合伙制与公司化管理思想的发展道路，在兼顾律师个体对自由执业的价值追求和法律服务机构对组织长期竞争力的价值追求的前提下，重构律师与法律服务机构之间的松散合伙关系，营造律师与服务机构之间可持续发展的"共生模式"。

具体而言，数字化的法律服务基础设施本身体现的是一种以律师为中心、以客户为中心的共生型组织的运营思路。通过应用新一代数字化技术，基础设施将围绕律师赋能与客户体验，升级服务机构的连接能力、创新能力与整合能力。其中，连接能力包括服务机构的律师团队间的连接、服务机构与外部客户的连接、服务机构与合作伙伴的连接。创新能力指通过法律科技为律师赋能，进而提升法律服务产品的创新和商业模式的创新。而产品、服务与商业模式的创新，又需要对法律服务机构内外资源与生态的整合，以及将之转化为创新型法律产品和服务的能力。最终，通过数字化的法律服务基础设施的连接、整合与创新，实现律师和法律服务机构的效率提升和业务增长。

例如，应用大数据、人工智能、区块链等新一代技术，基础设施能够建立知识共享中心，将律师个体的经验与知识和外部法律数据资源转化法律服务机构的数字知识资产，并借助数字化、智能化等技术为每个律师提供一个“数字大脑”，该“数字大脑”能快速帮助律师建构知识体系，提升律师的价值创造能力。

依托社交媒体、短视频、搜索引擎等互联网平台，基础设施将构建线上线下融合的立体化服务营销模式和客户维护方案，帮助律师实现对客户的多点触达，最终将更多的客户沉淀下来，转换为服务对象。

运用云计算、人工智能、低代码开发等技术，结合律师团队和 IT 团队的经验、知识和专业技能，基础设施将打造多元化的法律服务产品创新和服务供给方式，为客户提供更加及时、全面、优质、高效的法律服务。

基于数字化的法律服务基础设施，律师和服务机构可以共享客户、知识、合作伙伴、公共服务能力等各种资源，服务机构通过业务协同、知识共享、科技产品为律师赋能，律师则通过精进专业、协同创新为客户提供更具价值的服务，最终实现律师和法律服务机构的可持续性发展。长期以往，律师和法律服务机构将形成真正的利益共同体——一种共生型法律服务组织，该组织同时具备了整体获利性、柔韧灵活性和效率协同性，从而拥有强大而持久的生命力，面对各种不确定性，具有足够的韧劲和敏捷性，可以应对各种外部挑战。

未来，新一代的共生型法律服务机构将以共同信仰为基础，以数字化的法律服务基础设施为承载，以律师和客户为中心，最终实现律师、法律服务机构和客户之间共赢。在这种模式下，法律服务机构既能克服合伙制发展模式下机构组织松散、律师各自为战的困局，也将有效解决公司制模式下律师发展空间受限、机构人才频繁流失的问题。这种共生型组织将成为法律服务行业的重要发展方向。

趋势五

技术加持下的法律服务行业将催化出更多具有混业经营性质的法律服务新业态

2019年,“四大”会计师事务所选择全面进军泛法律服务市场。相对于其他竞争对手,“四大”会计师事务所的发展路径是希望从审计公司转型为“多领域、全方位专业服务公司”,再转型为“综合性服务解决方案提供商”,而法律服务是其综合解决方案中的一个重要组成部分。随着“四大”会计师事务所的全球性法律服务网络的建立,也导致其与传统律师事务所的竞争日趋激烈。

与此同时,在技术驱动法律的大背景下,越来越多的大型律所也纷纷跳出传统的业务模式,“跨界”替代性法律服务,为客户提供具有混业经营性质的综合性法律服务解决方案。与替代性法律服务提供商相比,这些律所的创新模式更加多元,与新型法律机构之间的互动与联系愈发紧密，包括将技术运用于法律服务，与替代性法律服务提供商开展合作，设立法律科技孵化器或合作“派驻律师服务”，成立自己的新型法律服务部门等。

根据 2020 年 10 月美国法律研究机构 Baretz+Brunelle 发布的最新调研报告显示，美国律所 100 强中，35 家律所构建了专属的替代性法律服务部门/品牌（Captive ALSPs）。全球律所 100 强与美国律所 100 强的并集中，这一数字达到 48 家。由此看出，未来在法律科技的加持下，律所与替代性法律服务提供商、大型专业服务机构之间的“重叠度”也势必会越来越高（见图 31）。

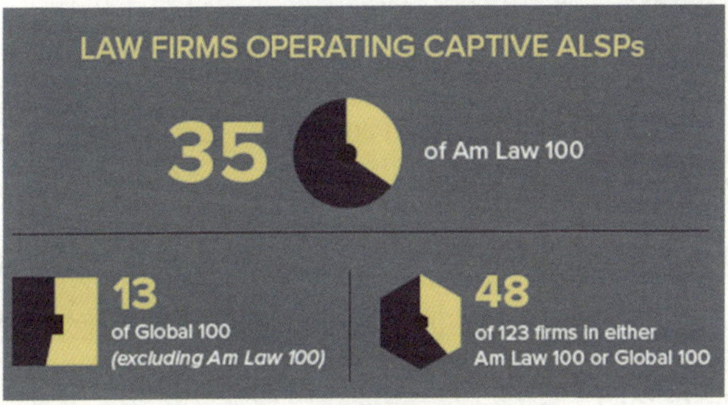

图 31 运营替代性法律服务律所分布

（图片引用自 Baretz+Brunelle, *Home Court Advantage: The Am Law 100 Moves Into Alternative Legal Services*）

例如，2019 年 6 月，由英美等国律所合并而成的安睿顺德伦国际律师事务所（Eversheds Sutherland）宣布，将内部的法律咨询、企业秘书、破产重组三支服务团队整合，组建为独立运营的创新法律服务平台 Konexo，希望其在 5 年内创收突破 1 亿英镑。2019 年，在组建第一年 Konexo 的创收就达到了 4000 万英镑。2020 年 3 月，新冠病毒席卷欧洲，使该平台临时律师服务的需求量出现激增，平台的临时律师服务需求单月的增幅达到了 300%。

目前，Konexo 在全球共有 300 多名包括技术专家、金融顾问、项目经理、数据分析师、管理顾问及律师在内的员工，提供的服务主要包括五类：法律托管服务、派驻律师服务、公司秘书服务、人力资源服务、金融项目服务。

除安睿顺德伦律师事务所外，近年来国际法律市场涌现出一批在创新法律服务领域表现抢眼的律所及旗下机构。它们的发展各具特色，并已在市场中占据一定份额。

· 英国安理律师事务所（Peerpoint）

英国安理律师事务所的替代性法律服务机构 Peerpoint 拥有 300 多名成员，分布于伦敦、香港、新加坡、悉尼、珀斯、墨尔本等国家与地区。Peerpoint 的律师拥有魔圈所和其他领先律所的执业经历，顾问中超过 75%有企业内部任职经历。他们主要为全球领先的金融机构及公司提供咨询服务。Peerpoint 创新部门的业务收入已占英国安理全球总收入 4%~5%。

· 英国亚司特律师事务所（Ashurst Advance）

英国亚司特律师事务所的替代性法律服务机构 Ashurst Advance 专注于流程改进、项目管理和提供最新的法律技术工具。自 2019 年 11 月起，Ashurst Advance 通过与法律服务提供商 Elevate、Cognia Law 的战略合作，为客户提供灵活的、国际化的法律资源。机构负责人表示，2019/2020 财年，Ashurst Advance 收入增长 34%，员工人数增加了 25%。截至 2020 年 10 月，该机构在全球共有 4 名合伙人，120 名成员。

·英国 DWF 律师事务所（DWFMindcrest）

替代性法律服务提供商 Mindcrest 成立于 2001 年，提供合规管理、合同管理、法律分析、诉讼和调查方面的服务。2020 年，英国 DWF 律师事务所以 1850 万美元收购 Mindcrest，并收编 360 名员工，将其更名为 DWF Mindcrest。目前 DWF Mindcrest 依托北美、欧洲和亚太地区等多地提供全类型的替代性法律服务。

由此可见，已有一批国际律所，开始在至少一种服务类别中布局替代性法律服务，其中，部分创新部门的收入在律所全球总创收中占据一定比例，而非笼统印象中处于刚刚起步的阶段。

根据调查发现，这类由律师事务所设立的“专属替代性法律服务部门/机构”通常主要包括三种类型（见表 21）。

表 21　律所替代性法律服务部门/机构分类

序号	替代性法律服务部门/机构类型	替代性法律服务部门/机构说明	类型代表
1	附属实体（Affiliated Entity）	律师事务所全资所有法律服务组织，该组织具有独立的管理职能和财务核算	ALLEN & OVERY LLP、DWF LLP、REED SMITH LLP

续表

序号	替代性法律服务部门/机构类型	替代性法律服务部门/机构说明	类型代表
2	替代性法律服务部门(Internal ALSP)	律师事务所内部的符合ALSP定义的交叉业务领域或部门,但没有单独的运营或管理职能	BAKER MCKENZIE、DENTONS、CLYDE & CO LLP、COOLEY LLP
3	自有品牌(Private Label)	提供与前两种类型相同的替代性法律服务,但是由合作伙伴(通常是法律托管服务提供商)进行交付。这些律师事务所本身并不提供法律托管服务或拥有自己的技术平台	ASHURST LLP、COVINGTON & BURLING LLP、HOLLAND & KNIGHT LLP

(数据来自互联网公开资料)

通过分析发现,律所的专属替代性法律服务工作通常都需要技术支撑,来改进其作业流程、管理方式、服务质量、收费模式等。在此基础上业界总结出专属替代性法律服务的8个关键特征:

(1)高度依赖技术手段;

(2)通过改进流程来优化重复性任务;

(3)使用数据分析;

(4)团队中有非律师和律师人员;

(5)独立运营;

(6)独立财务核算;

(7)独立领导;

(8)使用替代性的计费方式。

后疫情时代，客户"事多钱少"的需求更加迫切，更需要律所成为其值得信赖的商业伙伴。因此，能够为客户提供全方位的综合解决方案的服务机构，也更易受到客户的青睐。

综上所述，内外部的一系列因素，催生了国际律所的创新举措。根据汤森路透发布的《2021替代性法律服务提供商》，目前替代性法律服务市场规模接近140亿美元，近80%的律师事务所和超过70%的受访企业法律部门都在使用替代性法律服务。今后，在更加成熟的市场上，替代性法律服务的竞争将不单体现在技术应用的数量上，服务模式与服务品质的竞争也将日益激烈。

拥有专属的替代性法律服务平台，意味着律师事务所可以通过"专业+技术+服务"的综合实力，在法律服务市场这一"主战场"中确立自身优势。未来，在与替代性法律服务商的正面较量中，展示出"人有我优"的服务特点。可以想象，凭借专业实力以及长期服务客户的经验累积，今后律师事务所在综合性法律服务方面将拥有更大的发挥空间。未来，律师事务所、替代性法律服务提供商、大型会计师事务所、专业咨询公司之间还将会涌现出更多具有混业经营性质的法律服务新业态。

趋势六

新兴技术持续发展推动法律服务行业从“数字化”走向“数智化”

在经济新常态下,数字经济优势逐渐显现,成为稳定经济增长的关键动力。2021 年 4 月发布的《中国数字经济发展白皮书(2021)》显示,2020 年我国数字经济规模达到 39.2 万亿元,占 GDP 比重为 38.6%。在数字时代,数字技术也正在重塑商业环境,越来越多的企业意识到只有实现数字化转型,才能抓住发展新机遇。

受“数字经济”的影响,法律服务行业也开始探索数字化转型。许多法律服务组织和机构通过引入或构建一系列法律科技的技术、产品与平台,一方面帮助其优化管理流程,提升运营效率;另一方面也帮助律师开展专业赋能,管控执业过程中的法律风险,从而更好地为客户提供服务,实现法律业务的转型、创新和增长。

人工智能、5G 等新一代信息技术和通信技术的发展将推动社会进入一个全面感知、可靠传输、智能处理、精准决策的万物智联时代。在数字化基础上，“数智化”形成了更高的转型发展诉求。通过运用新一代数字与智能技术，法律服务机构将推进组织的转型升级、创新发展，实现更高的经营绩效，更强的竞争优势，更可持续的发展。

CAICT 中国信通院

中国数字经济发展白皮书

中国信息通信研究院
2021年4月

这里提到的“数智化”，即数字化和智能化的合称，主要是指在数字与智能技术（大数据、人工智能、云计算、区块链、物联网、5G 等）手段的支持下，建立决策机制的自优化模型，实现智能化分析与管理,帮助组织优化现有业务价值链和管理价值链,增收节支、提效避险,实现从业务运营到产品/服务的创新,提升用户体验,构建组织新的竞争优势,进而实现组织的转型升级。数字化是以大数据分析与处理为基本特征的,而智能化则是以机器学习、人工智能等为核心要素的,数智化是二者在组织运营过程中的融合与应用(见表22)。

表22 信息化、数字化和数智化特点对比

对比项	信息化	数字化	数智化
产生背景	互联网兴起、ERP流行	互联网、大数据、云计算等技术在各行业广泛渗透	人工智能应用的浪潮再次兴起
应用范围	单个系统或业务,局部优化	多个系统联动,趋于整体优化	全域系统集成,全面优化
联接情况	缺少联接和打通,效率低、响应慢	全面联接与打通,效率较高、响应较快	全域自动联接与打通,效率更高、响应更快
数据运营	以简单的BI为主	以大数据平台为主	以数据中台、AI模型为主
经营理念	以管理为中心	以产品为中心	以用户体验为中心
支撑技术	传统IT架构	传统IT架构+DT架构	基于云管端+AIoT
需求特征	面对确定性需求	面对不确定性需求	面对不确定性需求
技术核心诉求	提升在线化和运营效率	提升数字化和在线化,提高决策效率	支撑灵活创新、智慧运营
核心价值	业务流程自动化	业务流程自动化+管理流程自动化+数据处理集成化	业务流程自动化+管理流程自动化+数据处理集成化+运营自动化、智能化

(数据来自互联网公开资料)

综合来看,信息化是法律服务机构转型的初级阶段,立足于以IT化手段提升内部管理效率;数字化则是法律服务机构转型的进化阶段,它在大数据与云计算技术的加持下对组织运营和服务创新的全面优化;而数智化则是法律服务机构转型的高级阶段,是在人工智能技术加持下对数据作为生产要素的智能化应用,有助于构建更广泛的法律服务协作生态。

未来,法律服务行业的数智化将表现为法律服务的创新与融合更加依赖数字化、智能化的技术与平台,实现法律服务机构内部组织与协作形式的平台化、一体化、智能化重构。

具体表现为,在运营优化方面,通过数字化、人工智能等技术,服务机构可以对内部资源实现动态掌控、精准分析和有效预测,优化律师团队的配置;其次针对业务管理,通过流程化、可视化技术,实现数据驱动的法律服务流程和产品的优化与改进,从而降低法律服务的成本、改善服务的效率和质量。例如,英国的夏礼文律师事务所(HFW)正在尝试利用IT技术对其遍布全球的服务资源进行智能调度和管理,通过实时分析律师的专业知识和当前工作量,有效地将法律事务分配给闲置律师,从而更好地利用律所服务资源。

同时,数智化还将帮助律师从大量的繁杂的事务性工作解放出来,例如将传统的合同审核、尽职调查等工作交由机器完成。因此,以便将更多的时间和精力投入智慧性、高价值的工作中来,更多地去思考如何挖掘客户真实的服务需求,如何为客户提供更优质的服务,从而实现法律业务的可持续增长。

最后,在数智时代,传统的法律服务产品体系也将发生变化，服务机构不仅要关注服务的专业化、模块化、流程化等能力，还需要借助人工智能技术分析客户需求，挖掘法律服务的细分市场，从而对专业服务进行个性化设计，以实现法律服务产品的创新，构建全新的、综合性的数字法律服务商业模式。

结束语

本书梳理了法律科技的发展历程和创新类型，挖掘全球法律科技行业涌现出的新技术、新产品、新服务，归纳总结了全球参与法律科技创新的科技公司、服务机构、司法机构等的最新动态，并分析了国内外法律科技创新的异同。在此基础上，洞见法律服务行业数字化转型的本质，以及法律科技对转型的推动作用，规划了数字化法律服务基础设施水平和垂直实施路径，并针对不同规模的法律服务机构提出数字化转型的策略，希望可以帮助法律服务机构更好地开展组织优化和服务创新，促进法律行业的长远发展。

由于受客观条件、研究视野和实际调研水平限制，本书在很多方面还存在诸多不足之处，部分研究尚须进一步深入展开。在此，恳请业界同人给予批评指正。同时，我们还将持续开展法律科技行业的洞察，定期刷新法律科技动态，也希望越来越多的法律界同人能参与其中，给予我们更多的指导和帮助。

专业术语

编号	中文	英文
1	法律科技	LawTech 或 Legal Tech
2	替代性法律服务提供商	Alternative Legal Services Provider(ALSP)
3	法律流程外包	Legal Process Outsourcing(LPO)
4	法律托管服务	Legal Managed Services(LMS)
5	新型法律服务公司	Law Company 或 New Law
6	实务管理	Practice Management
7	案例管理和分析	Case Management and Analysis
8	文档自动化	Document Automation
9	电子取证	E-Discovery
10	法律检索	Legal Research
11	合同生命周期管理	Contract Lifecycle Management(CLM)
12	合规审查	Compliance Review
13	法律培训	Legal Education
14	诉讼金融	Litigation Funding
15	在线争议解决	Online Dispute Resolution
16	尽职调查	Due Diligence
17	法律人工智能	Legal Artificial Intelligence
18	智能合约	Smart Contract

续表

编号	中文	英文
19	在线法院	Online Court 或 Cyber Court
20	数字经济	Digital Economy
21	数字化转型	Digital Transformation
22	数字化法律服务基础设施	Digital Legal Service Infrastructure

参考文献

一、英文文献

1. *Civilisation 2030: The Near Future for Law Firms*, JOMATI CONSULTANTS LLP, 2014.

2. John S. Dzienkwoski, *The Future of Big Law: Alternative Legal Service Providers to Cooperate Clients*, Fordham Law Review, 82 Volune Fordlam L. Rev. 2995(2014).

3. *Legal Tech Market Map 50 Startups Disrupting The Legal Industry*, CBINSIGHTS, 2016.

4. *Alternative Service Providers*, Stephen Huang, 2016.

5. *Alternative Legal Service Providers*, Thomson Reuters, 2017.

6. 2019 *Global Legal Department Benchmarking Report*, Association of Corporate Counsel, 2019.

7. *ILTA'S* 2019 *Technology Survey*, International Legal

Technology Association, 2019.

8. *Alternative Legal Service Providers* 2019, Thomson Reuters, 2019.

9. 2019 *Legal Tech Buyer's Guide*, Law Geex, 2019.

10. *Law Firm Innovation Index*, Michigan State University College, 2019.

11. *Law School Innovation Index*, Michigan University College, 2019.

12. *Lawtech Adoption Research*, Law Society, 2019.

13. *The Legal* 500: *Blockchain Country Comparative Guide*, Legal 500, 2019.

14. *ALSP Brand Index* 2019, Acritas, 2019.

15. *LegalTech & New Law: A Fundamental Change*, Investec, 2019.

16. *Legal Matter Specification Standard* (*LMSS*), Rev. 3, SALI Matter Specification Committee, 2020.

17. *Home Court Advantage*: *The Am Law* 100 *Moves Into Alternative Legal Services*, Baretz+Brunelle, 2020.

18. *What is Legal Ops*, CLOC, 2020.

二、中文文献

1. [美]理查德·萨斯坎德:《法律人的明天会怎样? ——

法律职业的未来》,何广越译,北京大学出版社 2015 年版。

2. 英国在线纠纷解决顾问小组:《英国在线法院发展报告》,江和平、蒋丽萍译,载《人民法院报》2017 年 5 月 5 日,第 8 版。

3.《法律电商行业白皮书》,易法通,2015 年。

4. [荷]巴特·维赫雅:《虚拟论证:论法律人及其他论证者的论证助手设计》,周兀译,中国政法大学出版社 2016 年版。

5.《2016 美国法律市场研究报告》,汤森路透,2016 年。

6. [英]布里格斯勋爵:《生产正义方式以及实现正义途径之变革——英国在线法院的设计理念、受理范围以及基本程序》,赵蕾编译,载《中国应用法学》2017 年第 2 期。

7. [荷]潘言博、[瑞典]丽萨·哈坎森:《律所再造:律所革命的宣言书》,马硕译,法律出版社 2017 年版。

8. 高云:《律师们都说大势将至,却不知未来已来》,载微信公众号"熊猫法律星球",2017 年 9 月 12 日。

9.《互联网科技与即将改变的法律服务》,律新社,2017 年。

10.《中国律师行业发展报告》,瀛和律师机构,2017 年。

11.《2016—2017 年度中国互联网+法律报告》,中国电子商务研究中心,2017 年。

12.《人工智能法律服务的前景与挑战》,腾讯研究院,2017 年。

13.《从 137 家企业看我国法律创业:生态边界逐渐淡化人

工智能成主要方向》,腾讯研究院,2017年。

14.《国内顶级大所为啥都在“孵化”法律科技产品?》,律新社,2018年。

15.《未来的律所是什么样的? 外国律所科技创新项目地图》,理脉,2018年。

16.《中国法律市场观察》,智合研究院,2018年。

17.《12家全球领先律所联手打造的这个法律科技平台,想要改变什么?》,智合研究院,2018年。

18.[美]伊森·凯什、[美]奥娜·拉比诺维奇·艾尼:《数字正义:当纠纷解决遇见互联网科技》,法律出版社2019年版。

19.《中国法院的互联网司法白皮书》,最高人民法院,2019年。

20.《极客法律人:迎接科技赋能的法律时代》,理脉,2019年。

21.《天平链应用接入技术规范》,北京互联网法院,2019年。

22.《天平链应用接入管理规范》,北京互联网法院,2019年。

23.《数字变革与治理创新:2019年全球互联网法律政策观察》,腾讯研究院,2020年。

24.《传统产业数字化转型的模式和路径》,国务院发展研究中心,2019年。

25.《华为行业数字化转型方法论白皮书》,华为技术有限公司,2019 年。

26.《数字孪生体技术白皮书》,安世亚太科技股份有限公司,2019 年。

27.《广州市公共法律服务白皮书(2020)》,广州市司法局,2020 年。

28.《美国联邦司法部门信息技术长期规划(2021-2025)》,美国法院行政管理办公室,2020 年。

29.《2020 年数字化转型趋势报告》,Adobe,Econsultancy,2020.

30.《2021 替代性法律服务提供商》,汤森路透,2021 年。

31.《行业战略拐点来临,律师发展应走"第三条道路"》,律新社,2021 年。

32. 陈甦、田禾主编:《法治蓝皮书中国法院信息化发展报告 No. 5(2021)》,社会科学文献出版社 2021 年版。

33.《中国数字经济发展白皮书》,中国信息通信研究院,2021 年。

后　记

编委会耗时四年时间全面梳理了法律科技的发展历程和创新类型，挖掘全球法律科技行业涌现出的新技术、新产品、新服务，在此基础上，揭示了法律科技产业的发展规律，并据此预测了行业演进之趋势，希望可以帮助法律人认清科技革新对法律服务的影响，更好地应对法律科技对整个行业带来的挑战和机遇。由于受客观条件、研究视野和实际调研水平限制，编撰工作在很多方面还存在诸多不足，部分研究尚须进一步深入展开。在此，恳请业界同人给予批评指正。同时，编委会诚挚感谢江苏泰和律师事务所、策问管理咨询(南京)有限公司等业界同仁对我们在编撰本书的过程中所提供的鼓励与指导。最后，本书的出版还得到了南京建邺法律服务产业园的大力支持，在此特别鸣谢！

《全球法律科技行业蓝皮书》编委会

2023 年 1 月 3 日

关于策问管理咨询(南京)有限公司

“策问”一词,源自汉《越绝书·德序外传记》“因心知意,策问其事,卜省其辞。”和《后汉书·和帝纪》“帝乃亲临策问,选补朗吏。”

起源于古罗马时期的律师职业演变进化至今,面对法律体系繁杂、全球一体化融合、科技创新引领的新时代,律师个人及其执业的律师事务所,均面临着生存与发展的难题与思考,路在何方?

策问管理咨询(南京)有限公司由此应运而生,聚合了法律、技术、战略、管理、投资等各路精英人才,旨在以长线思维驱动的战略规划能力、非共识的方法论、客户至上的核心价值观以及本着把所有的资源都投入到未来十年不变的事情上为原则,努力打造成为使能下一代律师事务所数字化转型的综合服务提供商。

策问管理咨询(南京)有限公司下辖多家子公司和机构,包括南京策问信息技术有限公司(专注于律师专业软件技术研发和技术咨询服务)、南京策问财务咨询有限公司(致力于为中小企业提供高效、专业、多元化的综合金融服务）、策问律师学院（构筑专业化律师人才发展体系并提供律所管理咨询服务）等。公司将联合产业链的上下游伙伴，通过交付最佳的、专业的数字化律所战略规划、运营管理、品牌营销、市场拓展等服务，构建全新的法律行业数字化服务生态圈。

策问管理咨询（南京）有限公司愿景：技术赋能法律、平台整合资源、模式改变生态、重新定义服务。

为律师专业存储能量，为律所能力提供主张！

关于泰和律师事务所

泰和律师事务所(以下简称“泰和”)创立于1985年,是一家总部位于南京的律师事务所,前身是国办的江苏律师事务所。泰和是中国长三角地区的知名律师事务所,尤其在涉外法律业务、资本市场、企业改制上市、债券发行、并购重组等资本市场领域享有较高的知名度。2020年,泰和由“普通合伙律师事务所”的组织形式改制成为“特殊的普通合伙律师事务所”,对于蓬勃发展中的泰和大有裨益。

38年来,泰和与北美、西欧、东南亚、澳大利亚、中国香港特别行政区及中国台湾地区的多家大型国际性律师事务所保持着长期良好的合作关系,不断探索和研发新的法律服务产品,曾被Asia Law & Practice和Legalease Limited评为中国200强和亚太500强。近年来,泰和又先后荣获“优秀律师事务所”“全省律师行业党建工作示范点”“南京市律师行业先锋党组织”“十佳涉外律师事务所”“十佳涉外律师”“十佳涉外案例”等各类荣誉。

泰和自2018年起,先后在泰州、腾冲、苏州、南通投资设立直营分所，各分所实行一体化、数字化管理模式，用法律科技赋能法律业务，开启泰和发展的新模式；2020 年初，泰和在发展的道路上又增加了更多携手同行者，先后与江苏省 13 家地级市的国优、省优级律师事务所签订战略合作协议。同时，泰和也与香港特别行政区、仰光、北京、天津、山东、云南、甘肃、深圳等地律所建立战略合作关系，业务拓展有了更多动力源，律所与律师间携手并进，专业化、团队化、产品化、规模化、数字化、国际化成为立足于竞争激烈的法律服务行业的必经之路。

高学历、高素质的律师人才是泰和服务品质的基本保证。泰和律师大多毕业于中国知名的法学院校，其中多名律师有在欧美法学院学习或于欧洲、香港特别行政区著名律所工作之经历。泰和在提供全方位法律服务的同时为了适应不同客户的需要，进行了专业化分工，以便为客户提供更加专业、高效、及时的法律服务。泰和将以其专业的服务水准、客户至上的服务理念、市场确立的服务品牌以及真挚的团队合作精神竭诚为国内外客户提供优质的法律产品服务。